神宮へ行こう

松尾俊治

慶應義塾大学出版会

はしがき

東京六大学野球リーグ戦は一九二五（大正十四）年にスタートした。そして一九七九（昭和五十四）年に100シーズン目。ことし（二〇〇〇年）143シーズンを迎えたことになる。

アメリカにおけるベースボールが底辺の草野球から生まれて上昇し、大人のゲームへ、そしてプロへと発展していったのに対し、日本の野球は学生野球から発達した。現在の東大の前身である第一大学区第一番中学でアメリカ人教師ホーレス・ウィルソンが学生たちに教えたのが最初だった。この学校はやがて開成学校、第一高等学校となる。この一高がまず全盛時代を築き、つづいて慶応、早稲田が台頭、早慶戦が日本一の王座争いとなって爆発的な人気を呼び、野球熱が日本のすみずみまでにゆき渡った。

日本の場合はアメリカのようにピラミッドの下辺からではなく、逆に頂点から始まり、そこから中学生、小学生へと広がっていったのだ。

プロ野球が組織として出発したのは一九三六（昭和十一）年になってからである。ベースボールの導入から実に六十年あまりたってからのことである。プロ野球ができたころには野球熱はすでにかなり沸騰していたのだ。

その日本の野球の中心となったのが東京六大学リーグ戦であったのだ。日本の野球は六大学によって発展し、今日の基盤をつくったといっても過言ではない。

大正十四年秋、それまでの五大学に新しく東大が加盟、中絶していた早慶戦を復活させて、六大学リーグが誕生。大正十五年秋に神宮球場が完成。早慶戦の黄金時代が到来し、甲子園の中等野球も爛熟時代を迎え、昭和初期は野球狂時代に入っていった。現在のように多種多様のレジャーやスポーツもなかったから、その熱狂ぶりは現在とくらべものにならなかった。

それだけに野球による弊害も多く出た。とくに激しかったのは有名中等学校チームの招待試合だった。このため文部省は昭和七年に野球統制令を施行した。六大学リーグにも試合数の制限、ウイークデーの試合禁止などを要求しはじめた。

これを受けて六大学は春1回総当たり、秋2回総当たり、年間を通じて1シーズン制とする試合方法を打ち出した。これが二年つづく。

だがこの方法は各チームの不評を買い、昭和十年からは春秋2シーズン制に戻ったが、各校2回総当たりだけで、決勝戦なしというリーグ戦だった。

いずれにしても150シーズンを迎えるとなれば、大変に重みのある語感をおぼえる。とくにあの戦争中に青春を送った世代にとっては感無量の思いさえする。

昭和十八年四月二十八日に東京六大学野球連盟は解散している。戦時学徒体育訓練実施要項に基づいて、文部省がリーグ解散を通達してきたからだった。大正十四年秋に発足して以来十八年間にわたって学生野球の発展に尽くしてきたリーグ戦の灯は消えることになった。

大学野球は当該総長の方針に任せるというもので、慶応も早稲田も明治も練習をつづけていた。私はちょうどそのころ慶応の野球部に在籍、日吉で練習をつづけていた。校門から営門へという時代ではあっても、ナインの野球に打ち込む情熱はますますさかんで、銃をとる日までボールを離さぬ強烈な愛情でいっぱいであった。

そして十八年の九月、法文科系学生の徴兵猶予を停止する特令が公布、学生が学業を半ばにしてペンを捨て、銃をとることになった。そして学徒出陣の早慶戦を行い、六大学のほとんどの選手が校門を去っていった。

そのとき私たちはまた再び野球ができる世の中がくるとは、とても想像ができなかった。

六大学リーグ戦の歴史がつながったのは戦後の昭和二十一年五月十九日だった。神宮球場はアメリカ軍に接収されていたので、上井草球場で入場式と明東、法立戦が行われた。通算34シーズン目、四年ぶりの復活だった。

しかし神宮球場は自由に使えず、後楽園、武蔵野のグリーンパーク、あるいは本郷東大球場、和泉明大球場など試合場を転々とするリーグ戦であった。

昭和二十七年三月三十一日に神宮球場が返還された。通算46シーズン目のことだった。それから今日まで復活後の歴史が積み重ねられてきた。戦前33シーズン、戦後110シーズン（平成十二年秋まで）と、歴史の重みはいまでは戦後にかたむいている。

この数字を見て、自分ながらおどろいた。戦争中のリーグ戦を加えると、六大学143シーズンのうち、112シーズンも見てきたことになる。もちろん全試合を見たわけではないが、新聞社の六大学担当記者時代はそのシーズンのほとんどの試合を取材している。

平成十一年までの六大学リーグの公式試合（優勝決定戦を含む）は大正十四年秋から通算して4973試合になる。昭和十七年春の32シーズン目から112シーズンには4030試合が行われている。

112シーズンにわたって4000近い試合を私は見たことになる。

長嶋茂雄三塁手の出た試合はまだ若い記者時代だったから全部見ている。昭和三十二年秋の慶立2回戦、立教の長嶋としての最後のゲームで歴史的な〝8号ホームラン〟を放ったときのスタンドの大歓声と、体いっぱいに喜びを発散させながら、身をくねらせてベースを一周したあの笑顔は、いまも忘れられない。

打とうとする長嶋、打たせまいとする各校投手陣。あのときは各校ともすごい投手が揃っていた。この角逐がリーグ戦の球趣をいっそう盛り上げた。

昭和三十五年の早慶6連戦という歴史的な優勝決定戦も全部見ている。早大・安藤元博投手のいまにも倒れそうで痛々しい、しかも悲壮な姿が頭に浮かんでくる。

田淵幸一の22本のホームラン、山中正竹と谷沢健一の投、打の一騎打ち、そして江川卓の快投、

はしがき

高橋由伸の23号……。

六大学リーグは面白い。面白かった。

だが最近は感動を呼ぶような試合が少なくなった。もう一度興奮のうず巻く六大学リーグをぜひ見たいものだ。

二〇〇〇年には5000試合を越えた。そして二〇〇四年には通算150シーズンを迎えるのだ。

私はそれまでできるだけ神宮球場に通うつもりだ。

目次

第2部　ドラマチック神宮球場

第1部　天才、豪傑、怪物列伝

史上最高の打者、宮武三郎

山下実とともに戦前〝不世出の大打者〟といわれたのが宮武三郎だ。昭和初期、神宮球場をゆるがせ、全国の野球ファンを熱狂させたライバルの早大小川正太郎投手は新聞社で私の上司だったが「日本が生んだ最高のバッター。いまのプロ野球にも彼ほどスゴ味のある打者はいない」という。慶応の先輩であり、阪急の監督をつとめた浜崎眞二から、

「いまのバットとボールで当時の宮武が会心のあたりをしたとすると、後楽園ならあいつの打球はほとんど場外へ飛んで消えてしまっただろう。それほどすごかった」

と宮武の強打ぶりをよく聞かされた。

日本人離れした豪快なスイングで打ちまくり、また力強い剛速球で強打者連をねじ伏せ、六大学リーグの全盛時代を築きあげた。

戦前の六大学のホームラン王。高松商—慶大—東京クラブ—阪急とエースで4番打者。その行くところ常に人波がつづき、はなやかな話題に包まれた。

少年時代からずば抜けた存在で小学校時代は一年下の水原茂とバッテリーを組んで全国大会に優勝、高松工芸に進むと水泳、陸上、柔剣道と片っぱしから各種大会のカップをさらう。とくに槍投げは県内ナンバーワン。この万能ぶりをみて高松商から勧誘され、本人も「野球をやりたい」と三年生のときに転校、〝高松商の宮武〟が誕生した。

そしてすぐさまエースとなり、大正十四年のセンバツで準優勝、その夏甲子園で全国優勝、初めて真紅の大優勝旗を四国に持ち帰った。

昭和二（一九二七）年に慶応へ。宮武の加入は現在でいえばＰＬ学園から桑田真澄と清原和博が入学してきたようなもの。二人を合わせた〝怪物〟であったから、投、打に大きなプラスとなる。入学したばかりの初戦で相手を完封したばかりか、豪快なホームランをかっとばしたのだ。この一打は日本人として神宮球場初の記念すべき第1号アーチだった。

「あの当時のあのまるで弾まない球を、よくあそこまで……と思うね、宮武の打球はライナーでグイグイと伸びていった」

とは高松商—慶応とチームメートだった水原茂の話。

宮武は六大学リーグで7本のホームランを打った。これは戦後長嶋茂雄が神宮の森をさわがすまではだれも破れなかった。

宮武三郎

この中で語り草になっているのがリーグ最長距離の「150メートルアーチ」だ。昭和五年秋の慶法1回戦で法大・若林忠志投手のカウント1―0後の2球目、鋭く落ちるカーブをとらえると、打球は左翼手頭上を抜き、スタンドを越え、場外へ消えた。当時左中間場外にあった相撲場まで飛んでいったから〝相撲場ホームラン〟ともいわれた。

この打球がどれほどすごかったか。そのゲームの主審をつとめた天知俊一から聞いた話。

「2段ロケット・ホームランだね。グーンと伸びた打球は左翼手の頭上あたりでまたグーンと伸びましたね。あんなすごいのいままで見たことがない」

そのとき左翼手だった島秀之助（元セ・リーグ審判部長）は、

「ガーンと音がした瞬間、やられたと思った。守備位置から一歩も動けなかった。動いたって仕方がないですからね。一歩も動けないホームランなんて、あれだけですよ」

という。また当時慶応の二番打者だった楠見幸信中堅手は、

「二盗のとき、ビューンと空気を斬るスイングが走っていて聞こえるんです。どんなに観客がわいていても、空振りの音が聞こえるからそのまま二塁へスライディングした」

物理的にもそれが可能かどうかはわからないが、それほどスイングがすごかったのだ。

また投手としてもリーグ戦で通算39勝7敗、リーグ戦史上第6位、戦前では若林の43勝につぐもの。とくに剛腕・宮武、快速球・小川の対決は満天下のファンをうならせたものだ。

リーグ戦に7シーズン出場して、その間慶応は四度優勝、2位が三回、3位以下なし。いかに

〝怪物〟だったかがわかる。

宮武とともに黄金時代を築いた山下実は「彼は野球人に欠くことのできないすばらしい体力を持っていた。身体が柔軟でバネがあった。それに足が速かった。それがあのピッチングと超人的な打球の根源だったと思う。ユニホームを脱いだ彼は将棋、麻雀、玉突きなど多趣味であったが、それよりもむしろピアノ、マンドリンを得意とした。サイン代りに〝墨絵の竹〟を描いていたが、宮武の一面にはこんな優しいところがあった。満洲遠征のためバイカル丸に乗船、猛烈な荒れ模様でグロッキーになり、それ以来「船はゆれていけんのう」と船嫌いになる。〝宮武には刃物はいらぬ、船に乗せればそれでよい〟超人も全くカタなしだった」

阪急に入団したころは峠を越えていたので慶応時代ほど豪打・豪腕をふるうことができなかった。

私が初めて宮武さんに会ったのは戦後すぐの後楽園でのオール早慶戦。この2回戦で宮武は先発したが往年の球威はなかった。私が卒業の年、足利で三田倶楽部―駿台倶楽部のゲームをやったとき、宮武さんの球を捕手として初めて受けたのも思い出の一つ。

晩年は〝モンちゃん〟という山猿を可愛がり、どこに行くにも、肩に〝モンちゃん〟をちょこんと乗せて出掛けていった。日吉の慶大グラウンドにもときどき来て、後輩たちを指導した。昭和三十一年十二月心筋梗塞で死去、四十九歳であった。

和製ベーブ、山下実

「一一〇年のオール慶応」の4番は誰がみてもきまり――。〝和製ベーブ〟山下実（元阪急）であろう。巨人の高橋を3番、別当を5番にすれば、すばらしいクリーンアップトリオが形成できる。

六大学史上最高のスラッガーといわれた山下実は第一神港商時代から天才バッターといわれた。三年生の夏、完工したばかりの甲子園球場で打ちまくる。初戦、ホームラン、三塁打2本をふくめて5打数、4安打。記者席で、

「あれは人間じゃあない。怪物そのものだ」

のささやきが起こる。〝怪物〟の誕生だ。チームメートは〝怪さん〟〝怪ちゃん〟と呼んだ。

センバツ第1号アーチをはじめ豪快なホームランを連発。あの当時の甲子園は広かったが、いまなら20本以上の通算本塁打を打ったに違いない。

85年の優勝祝賀会で仲沢選手と談笑する山下実さん。左は上野精三さん。

昭和二年に慶応に入学。すぐその春から四番を打つ。そして3割台をマークした。ホームラン2本、打点10というからすごい。神宮球場もいまよりずっと広く、ホームランが少なかった時代だ。宮武三郎と並んで猛打をふるい、慶応の黄金時代を築いた。その強打ぶりを紹介したら、何ページも必要だからエピソードを二つ三つ。

昭和三年秋、山下はリーグ戦で打ちまくっていたが、東大2回戦でノーヒット。しかもチャンスで打てなかったのがショックで考え込んだ。そのうちになんとなく合宿をとび出して友人宅へ。つまり蒸発してしまったのだ。

さて、早慶2回戦。当日ナインが神宮球場へきてみると、そこにションボリ山下が待っていた。腰本寿監督は黙って山下をベンチに入れたが、むろん打撃練習もさせず、スタメンにも入れない。

ゲームは0—0で進む。打線が沈黙しているので、腰本監督は村上実マネージャー(元阪急監督)に「これを大先輩のところへ持っていってくれ」とメモを渡す。メモには「山下を使いたし。御意見拝聴」とあった。当時は第一回早慶戦出場の桜井弥一郎さんや宮原清さん、神吉英三さんらの大先輩がネット裏の最前列にずらりと並んでいた。

その許可を得て、六回に山下を使ったら、なんとライトスタンドへ決勝の2ランをぶっ放したのだ。蒸発した選手が帰ってきて、いきなり決勝アーチの大殊勲。まことに恐れいる「怪物神話」だ。

昭和十一年、阪急に入り、その後プレーイングマネージャーとして頑張る。山下がいかにすばらしい天才的なバッターだったかという話をもう一つ。あの川上哲治が巨人に入団したとき、山下のバッティング・フォームを見て息をのみ込んだ。バネ仕掛けで戻っていくような腰の回転を見て、「あれを盗まない手はない」と川上は阪急戦となると山下の打撃練習の間、目を離さなかった。ときどき中堅後方のスタンドに立ち、真っ正面から双眼鏡で山下のカーブ打ちの回転のタイミングなどを学んだという。

いまの野球界、プロもアマも欲しいのは〝ビッグ・キャラクター〟だ。戦後の中西太（元西鉄）や江川卓（元巨人）も〝怪童〟〝怪物〟といわれたが、山下実のような〝新怪物〟の出現が待ちどおしい。

以上の原稿は一九九五（平成七）年に山下さんが亡くなったときに書いたが、その直後にオリックスのイチローがあらわれ、一九九九（平成十一）年には〝155キロ〟の豪速球で日本中に強烈なインパクトを与えた松坂大輔（西武）という〝新怪物〟が登場した。

大沢親分

ライト前のヒットを放ちながら一塁でアウトになる、いわゆるライトゴロというのはときどきある。しかしレフト前へヒットして、一塁にアウトになった前代未聞の珍記録が六大学リーグにある。

昭和二十九年の春のリーグ戦の東立2回戦。打ったのは東大の原田靖男。アウトにしたのは日本ハム監督などをつとめた大沢啓二だ。

原田はプロに入っても中継ぎならつとまりそうなシャープな左腕投手で、バッティングも器用な好打者であった。

四回二死一塁にランナーをおいて、杉浦忠投手（元南海監督）から巧みにレフト前へライナー性の快打を放った。

ところがヤマをかけて極端に前進守備をしていた大沢左翼手が、この打球をすくいあげるや、猛然と一塁へ送球、あっという間にアウトにしてしまった。

われわれネット裏の記者連中も驚いたが、一番びっくりしたのが本人の原田。ヒットと思って、一塁ベース手前からふくらみをつけて走っていたところ、突然の送球にあわててベースに飛び込んだが、間に合わなかった。

原田の流し打ちをあらかじめ計算に入れて、ショートの後方に浅く守り、しかもすごい出足と強肩でドンピシャリ、アウトにした大沢の超人的なファインプレーであった。

大沢には高校時代からエピソードが多い。神奈川商工のエースとして、昭和二十五年の夏の甲子園に出場、1勝している。そして翌二十六年夏の予選の2回戦、逗子開成に1―0とリードされていた七回、二死満塁のピンチに追い込まれた。ボールカウント2―3の6球目、大沢は低めにピタリとストライクをきめたと思った。

それを主審はボールと判定。押し出しで2点目を取られた。カッときた大沢はマウンドから脱兎の如く走り出し、主審に文句をいった。このときは体当たり寸前であったが、ゲーム終了後、この主審と便所でバッタリ。敗戦でカーッとなっていた大沢はこの主審を突き飛ばす暴行を働いた。お蔭でチームは一年間の出場停止処分を食ったのである。

大沢はその翌年立教大に進み、一年生ながらいきなりリーグ戦に登場した。

大柄でガニ股、とても一年生とは思えない図太い態度で慶応戦に出場したが、なまじレギュラーで出場したばかりに神奈川県の高校野球連盟からクレームがついたのだ。

母校神奈川商工が一年間の出場停止処分にさらされているのに、殴打事件の張本人がなんのペナルティも科せられず、ゲームに出ているのはおかしいというわけである。

すぐ六大学の理事会が開かれ、結局大沢は慶大戦のあと、プッツリ姿を消した。その春のシーズンの出場を遠慮することになったのである。

後年慶大の衆樹資宏（のち毎日）が審判をこづいて最後の早慶戦に出場できなかったり、六十五年春浪商出身同士の明大・住友平（元日本ハム）と立大・前田周二がグラウンドで殴り合う事件や平成九年秋の明立戦で前代未聞の乱闘劇があったりしたが、大沢のケースはほかに例がない。

大沢はプロ野球に進んでも暴れん坊ぶりを発揮、〝べらんめえ監督〟は7回の退場処分を食っている。元ロッテの金田正一監督に続いて元阪神の藤本定義監督に並ぶ記録だ。

その7回の退場中で、一番強烈な思い出は昭和五十一年の後楽園の阪急戦でのこと。阪急の竹村一義投手が再三頭をめがけてのビーンボールを投げたため、怒った大沢親分がマウンドへ走り、殴りつけたもの。竹村が二度目の危険球を投げたとき、

「おまえ3回やったら、許さんぞ」

といっておいたのに、また投げてきたから、

「ウチの大事な選手を見殺しにできネェ」

とマウンドにすっとんでいった。

「やられたら、やり返す」というのが親分の哲学。それでもずい分反省したようだ。

「自分の選手を守るための行動であったことだけはわかってほしい」

という。

カーッと血がのぼる直情型とは裏腹に、先を計算できる冷静な頭脳の二面性が大沢に同居している。

こんなこともあった。立大時代、これはリーグ戦ではなく、オープン戦だったが、同点で迎えた最終回、一死満塁で相手打者が高々とセンターフライを打ち上げた。

だれが見ても犠飛でサヨナラのゲームセット。そのときセンターを守っていた大沢はとっさの判断でフライをポロリと落球、もちろん三塁走者はホームインした。だが大沢はすぐ二塁へ送り、そして二塁から一塁へ球が送られて、ダブルプレーが成立。あっという間にスリーアウト。三塁走者のホームインは認められず、無得点。大沢の機転が敗戦を救ったのである。

学生時代からだましの術を心得ていたからプロに入ってからもいろいろやっている。

南海の中堅手だったころ、ゴロを捕球するや、フェンス方向へ走り出し、打った打者に「野手がトンネルした」と思わせて、二進したところをアウトにしてしまった。

昭和三十四年の日本シリーズで南海の杉浦忠投手がシリーズ四連投、四連勝のギネスものの快投をやってのけたが、危ない場面をことごとく救ったのが中堅手大沢の好プレーであった。

第三戦、南海が2―1とリードしていた9回裏、坂崎一彦が起死回生の同点ホーマーを放ち、なお巨人は一死二、三塁の逆転の機会をつくり上げた。ここで代打、森昌彦（元西武監督）が左中間にやや浅めのライナーを打った。スタンドの誰もが巨人のサヨナラ勝ちと思ったとき、そこに大沢がいたのだ。

背中を丸めて両手を胸の前に、まるで動物が獲物に飛びかからんばかりの独特の姿勢でこの打球をつかむや、渾身の大遠投で、三塁からホームをついた広岡達朗をアウトに仕留めてしまったのだ。

大沢は見かけも中身も太っ腹、ドスのきいた声でまくし立てるベランメエ言葉は迫力満点だが、その反面、このように繊細にして冷静な頭脳の持ち主だった。

長嶋の六大学デビュー

一九九三（平成五）年、〝ミスタープロ野球〟長嶋茂雄が〝球界〟に帰ってきた。長嶋の巨人監督復帰を一番喜んだのが四十代以上のファン。若い人はもちろんプレーを見ていないし、どんなすばらしい選手だったかも知らない。そんなこともあって『長嶋を知らない君たちへ――背番号3の伝説』というような本があちこちで出版された。

この種の本の筆者から「立教時代の長嶋」について再三取材をうけた。いろいろ話をしているうちに思い出した立教時代の長嶋について二つ三つ――。

長嶋を初めて見たのは立大に入った一九五四（昭和二十九）年春だった。当時の立大の東長崎グラウンド。砂押邦信監督が眼鏡を光らせながら出迎えてくれて、「あれが長嶋ですよ。いい動きをしているでしょう」と遊撃手のポジションで、それこそ跳びはねているような大型新人の方にアゴをしゃくってみせた。

その動きは奔放でしかもショーマンシップに充ち満ちていた。大きくて派手なフィールディングを生き生きと繰りひろげ、ひとりだけが勝手気ままに振舞っているみたいだった。この大型新人を見ているだけで練習は楽しかった。

そしてその春のリーグ戦で長嶋は東大戦に初登場した。途中から三塁の守りについて六回初打席は三塁ゴロだったが、大きなストライドで疾走、一塁を踏んでからまっすぐファウルラインに沿って、右翼の方まで走り抜けた。向きを変えると大またで両肩を大きくゆすりながらファウルグラウンドを駆け抜けて、三塁ベンチへ帰っていった。

「ホーッ」という大きなどよめきがスタンドに流れた。あれほどのムードを球場いっぱいにただよわせた新人のデビューを見たのは、あとにも先にもあのときだけだった。

この日から一九五七（昭和三十二）年秋の最終戦、慶立2回戦で六大学野球の本塁打記録を塗り替える日まで長嶋は熱い視線を浴びつづけた。

8号本塁打が出て、記録を破ったとき、うれしさをからだいっぱいに表して、身をくねらせながらベースを一周した姿は忘れられない。

しかし長嶋が初めてリーグ戦に登場した日の威風あたりをはらうムードの方が、もっと強烈に焼きついて離れない。

またプロのデビューのときも強烈だった。ゴールデン・ボーイの異名をたてまつられて巨人入りしたこのルーキーは、当時全盛の金田正一に４三振とこっぴどく痛めつけられて、プロのきびしさをしみじみと味わった。その夜一睡もしなかった長嶋。しかし負けなかった。つぎの対決では金田を打ち込み、翌年の開幕戦ではホームランを打って仇をとった。

そういえばあの三振は全くすばらしい三振だった。全部空振り。帽子を飛ばすほど思い切り振り回しての三振だった。

「くやしかった。しかしいま考えるとあれほどいい三振というのはなかった。ぼくのバットマン生活はあの４三振でつくられたんだ」

という。最悪のスタートを切りながらくじけず、何度もからだごとぶつかって、倒れて、それでもなおはいあがった長嶋。そこに彼の偉大さがあった。

それにしても〝長嶋時代〟の六大学は各校にスター選手がいて面白かった。立教には杉浦忠投手（元南海）、本屋敷錦吾遊撃手（元阪急）、片岡宏雄捕手（ヤクルト球団取締役編成）それに親分、大沢啓二がいたし、対戦する各校にはすごい投手が揃っていた。慶応には藤田元司（元巨人）がいて、長嶋は下級生のころに対決、２年生のときは20打数、１安打に抑えられた。明大には秋山登（元大洋）、早大には木村保（元南海）、山口欣二、東大には吉田治雄、法大に左腕岡崎正明、慶大・巽一（元ヤクルト）ら。打とうとする長嶋、打たせまいとする秋山ら。この角逐がリーグ戦を盛り上げたのだ。

〝なんとかせい〟の明大島岡監督

一九七五（昭和五十）年の春のことだった。対法大1回戦、延長戦で明大が法大の江川卓を攻略して勝ったとき、島岡吉郎明大監督は、

「うれしいね。百歳まで野球をつづけたいよ」

と巨体をゆすった。その3回戦の前夜の合宿で、

「江川からヒットを打ったことのあるヤツは手をあげろ。あしたはスタメンに使う」

そして江川を破ると、大きなタオルでゴシゴシと涙をぬぐいながら、

「世の中で、私ぐらい幸せな男はいない。総理大臣だってこんないい思いはできないだろう。男冥利につきる。死ぬまで野球をやりたい」

といって大観衆の前で男泣きした。百パーセントロマンチストの万年青年がシラケ時代の若者

を有無をいわせず引っ張っていく……。全く珍しい存在だった。

「人生のうち一つのことに打ち込んできた者ほど幸福なものはない。他人の出世をうらやましいと思ったこともない。一人でも多くホームを踏んで一つでも多く勝って優勝したいだけだ。私は明大野球部のために献身的な努力をしてきた。良い野球部にして、一人でも立派な人材を社会に送り出そうと生命を打ち込んでやってきた。私のモットーは〝誠〟。すべてが〝誠〟ですよ」

そしてグラウンドではわめき、怒鳴り、顔面を鬼ガワラのように紅潮させ、豆タンクのように動く。ピンチやチャンスのとき、

「いいか、なんとかせい」

「死ぬ気でやれ」

星野仙一も高田繁も鹿取義隆も島岡監督にくいつきそうな顔でこういわれると、〝よし、なんとかしよう〟と闘志がこみ上げ、必死で投げ、打ったのだ。

そして勝てば感激の涙にむせぶ。これほど天真爛漫、喜怒哀楽をストレートに表す人も少ないし、またこれほど〝明大野球部〟に全力投球した人も少ない。

試合に負けると、合宿に帰るなり、すぐにユニホームに着替えて練習。ナイター設備のある隣の明治高グラウンドで失敗をやらかした選手に島岡御大自らノックの雨を降らせた。「グラウンドの神様に謝れ」と土下座をさせ、バントを失敗すれば「あすの朝までバント練習をしろ」。平田勝男（阪神コーチ）、広沢克己（阪神）らも雨のグラウンドに何時間も座らされた。ノックア

ウトされた投手はその後3日間連日500球のピッチング。鹿取も合宿に帰って1000球を投げたことがある。敗因をつくった選手にはかならず特訓が待っていた。星野も鹿取も島岡流で鍛えられ、あのガッツある気力のピッチングを身につけたのだ。

こうした島岡監督の激しい気力がナインに乗り移ったときの明大は信じられない力を発揮したものだ。

その秋（七五年秋）のシーズンもそうだった。初戦で赤門東大にいきなりストレート負け。早々と連覇への赤信号が灯ったのだ。

〝冷静〟の二文字は島岡の頭にはない。選手をしかりつけてでもムードを盛り上げていくタイプだけに、大きなカミナリを落とそうと合宿に帰ったときだった。部屋には誰もいない。もぬけのからだった。ナインは暗闇のグラウンドに出て、全員がバットの素振りをつづけていたのだ。そしてナイター設備の明治高グラウンドで内野手が守備の練習をやっていた。同じ失敗を二度と繰り返さないようにと懸命に白球を追いかけるひたむきな姿勢に、島岡はナインの手ごたえを感じたという。

「こりゃ最後まであきらめてはいかんと思った。あの選手のやる気が健在な限り、もう一度優勝できる」

このときキャプテンでエースであった丸山清（朝日新聞）の心技一体のピッチングが優勝の原動力であったが、これほどまで選手を掌握した島岡の手腕には全く感心した。

島岡御大の猛練習はたしかに六大学でも名物のひとつだった。午前六時からグラウンドに出ることもあれば、とっぷり陽が暮れてもボールを追いかけまわす日だってある。選手の方もそれについていこうという不思議な相互関係は果たしてどこから生まれてきたのだろうか。

島岡と野球の結びつきは長野県飯田市の小学校のとき。中京商全盛時代の監督だった木村頌一から野球の手ほどきをうけたときに始まる。明治中に進んだが当時は野球部がなく中断。明大では応援団長をつとめた。当時の応援団長は紋つき羽織を着て白い大きな下駄をはいた国士きどりが多く、柄も悪かった。右翼の愛国学生連盟の傘下にあったが、島岡の団長のときには紀元節を祝う式に参加しなかった。

「個人としては良いが、応援団としてはまずい」

明大がやめたら早大もいかなくなった。革新的な応援団長であったわけだ。

大学を出て就職したのが証券会社。二・二六事件で大儲け。戦争が近づくと顔の広さと度胸を買われて海軍軍令部にひっぱられた。武官つきのマカオ駐在員。海賊の親玉を手なずけ、物資を集め、輸送した。

終戦……いち早く海賊船で帰国。顔をきかせて集めた電球を売りさばき、それを元に兜町に乗り込み財をなした。

一九四六年(昭和二十一)年、戦後初の選挙が行われた。島岡はいずれは政治の場に打って出ようとしていた。オレもいっちょうやってやろうという青年の覇気があった。

だが当時三十歳そこそこ。もう少し時を待とうという気持ちと、選挙の実態を勉強するため先輩の松井久を候補におしたてた。その選挙本部が神田駿河台の竜名館。松井が明大野球部のOBということで、野球部の連中が応援にやってくる。その中の一人に別府隆彦（明大総監督）がいた。別府は明治中から明大に進み、母校明治中のコーチをしていた。

明治中といえば明大の付属校。それなのに大学の野球部は全く面倒をみない。別府からこのことを訴えられ、血の気が多く正義感の強い島岡が、

「そんなバカなことがあるか」

と乗り出したのがそもそも野球に突っ込むキッカケとなった。

島岡は物心両面から明治中野球部をバックアップした。最初は後援会長。オーナーみたいなものだ。落選した松井久を臨時監督にすえたり、明大OBをコーチに呼んだりしていたが、時の明大専務理事双川喜一から、

「島岡、お前がやれ」

ということで監督の座についた。双川は大分県警察部長当時、穐吉《あきよし》定次という若者を発掘、自らの姓の一字を与えて、後の名横綱双葉山を育てた人だ。

島岡が明治中に入って、大学と付属中の野球部が一本化、しばらくして明治高監督は大学野球部助監督を兼ねるという現在の制度ができた。

そして次第に大学の理事にも認められるようになった。持ち前の才気、実行力、情熱が買われたのである。

明治高をわずかの間で一流チームにのし上げ、五〇（昭和二十五）年の春のセンバツに念願の甲子園へ。そしてその夏の選手権、翌春のセンバツとつづけて甲子園へ出場させた。

島岡御大と親しくなったのはこのころ。センバツ出場というので千葉県館山で合宿。館山水産学校のグラウンドでの練習を取材にいった。御大独特の上から叩きつけるようなノック。その後かなり上手になったが、そのころは叩きつけるので切ったようなゴロがとぶ。こんなゴロはゲームでは滅多にないので、ほんとうの練習にはならないが、冬だというのに汗びっしょりかきながら懸命のノックをつづけた。私も若かったからノッカーを買って出て、久しぶりに汗をかいたりした。そのころ大洋ホエールズの選手、コーチで活躍した沖山光利が左翼手で3番を打っていた。

海軍の砲術学校の寮であったという四十畳ぐらいの大きな部屋で、御大と酒をくみかわし、夜遅くまで野球談義に花を咲かせた。そのとき、さかんに明大野球部のことを心配していた。大学の監督が二転三転と変わり、指導者がきまっていなかったから部活動が停滞していた。明大は戦後ずっと優勝候補にあげられながら勝てず、そのうえ中退してプロへ走る人が多く、プロの養成所の感さえあった。

「野球部を改革しろという建議書を鵜沢総明総長に出したんですが、こっちにオハチが回ってきた」

五二（昭和二十七）年一月一日付で明大野球部監督に就任した。明大野球部のOB会〝駿台倶楽部〟の中から当然のように反発の声があがり、レギュラーが大量に退部するなど〝素人監督〟への風当たりは想像以上に厳しく、野球部は崩壊寸前のピンチに立った。

この争いの結果、

一、監督の任命権は大学にある。

一、課外スポーツも学校教育の一環である。

故に技術より教養が先行する。

その他三項にわたるごく当たり前の共同声明となって幕を閉じた。

野球部がピンチを乗り切ったのは島岡監督の学生野球に対するひたむきな情熱と信念だった。そのうえ幸運だったのは秋山登―土井淳のバッテリーら〝島岡・明大〟の土台を築く人材が集まったことだ。

島岡が和泉の合宿へ入るなり、やった初仕事は？　五組もあった麻雀牌に石油をぶっかけて、一組残らず焼いてしまったのだ。

「麻雀はどうしても金をかける。そうすると上級生が払わないことがある。感情問題が起こり、チームワークを乱す」

と改革の第一歩は麻雀禁止から始まった。そしてまず合宿の改装に手をつけた。なかでも浴場と便所を清潔なものにとりかえた。

服装と用具、設備についてやかましい人だけに、毎日使う設備がきちっとしていなければ、規律ある生活ができないというのが持論であった。

便所の改装が終わっても、「日が悪い」という理由で、使用は「何月何日から」と決められていた。それを北岡徳市がついうっかり、使ってしまったのだ。

「貴様はきめられたことをどうして守らんか。自分で始末しろ」

それでも縁起をかつぐ御大だけに烈火の如く怒った。

「島岡になぐられ、北岡は食堂を一周ぐらいまわりました。そういう点のしつけは全くきびしかった」

と当時新人監督だった岡田悦哉。

合宿に寝泊まりし、四六時中選手と生活を共にした。合宿の空気はがらりと変わった。こと野球に関しては素人監督らしい失敗は少なくなかったが、情熱は若者をひきつけ、4シーズン目に戦後初の天皇杯をつかんだ。その優勝は秋山—土井の〝黄金バッテリー〟を軸とした守りの勝利であった。そして島岡野球は〝精神野球〟として一躍脚光を浴びることになった。

友人と証券会社を創立。

「社長が死んだとき廃業、内容がよかったため、三億円のノレン代を大蔵省から貰って完全廃業、いい時期にいい値で廃業できた」

このカンの冴えも島岡の自慢の一つ。

自慢といえば調布市にある一万坪のグラウンドと三階建ての合宿所だ。明大のグラウンドはメーンスタジアムの神宮球場と全く同じ広さ、しかも同じ向きでつくられている。その上軽いノックとバッティングができる室内練習場と明治高のグラウンドがある。

立派なグラウンドと合宿所をが念願だった島岡は、土地探しに歩きまわった。多くの候補地の中から黒土に大根がまぶしかった現在地にピタリと照準を合わせた。これもカンの冴えである。一年がかりで十六人の地主をとき伏せ、坪五千円で買った。

「お百姓さんと二級酒を飲みながらの交渉は大変だった」

その後の土地ブームに乗って、大変な財産を明大にもたらした。球場に胸像が立つのも当然。土地を買い、自分の手で設計したグラウンドと合宿所、御大にとっては手づくりの〝自分の家〟だった。だから一年中のほとんどを選手とともに合宿所で過ごしていた。星野たちが「父親のような人」というのもうなずける。

合宿では午前五時起床、隣の明治稲荷に詣でて、ランニング。下級生が廊下掃除で上級生が便所掃除、逆なようだが

「社会に出ていく者に他人のいやがる経験をさせてやりたい」

一年生は必ず料理当番。

「食物の大切さ、料理の苦労がよくわかる。食べ物を残さなくなる」

頭から強制するだけでは、仕事も練習も心がこもらない。いやがること、苦しいことをまず最

上級生が率先してやれば、下級生がついてくることをしっかり見透かしている。

「選手と一日中一緒だからいいかっこうはできない。すべてをさらけ出さなければつづきません。そこで私自身がモットーにしているのが『誠』の一字。選手たちをどうこうしようというテクニックは何もない」

昔は口より手の方が先に出た。

「とにかくなぐられるのは、一度や二度ではきかない。合宿所を追い出されたこともある。あれほど怖い人もいないけれど、面倒見は実にいい」

と秋山や星野たちは口を揃える。

生まれ年がイノシシのゆえか、弱気の失敗にはきびしい。逃げのピッチングをしたり、消極的攻撃でチョンボした選手がでようものなら、「合宿を出ていけ！」のカミナリ。これまで何人がフトンを背負って合宿を追い出されたか。

「ちょっと有名になるとハナにかける。追放はあえて人生修行」

合宿所の100㍍先に"追放者"のための下宿がちゃんとある。選手はそれを"駆け込み寺"と呼ぶ。一晩ここに泊まり、どこに追放の原因があったかを考える。翌日再び球場へ。御大は「オッス」の一つで迎える。そして翌週はケロッと忘れて追放者をスターティングメンバーに入れ、合宿にカムバックさせる。

だが怒鳴ってばかりではない。監督の部屋で選手たちが車座になってシューマイパーティを開く。酒をのみながらお互いに人生を語り合う。〝なんとかせい〟と目をむく御大もこのときは好々爺に一変する。

「男の教育は男がやれ。知、徳、体のなかで徳の教育の場が少ない。その徳を教育している。明大の中で一番教育しているのがオレだ。よごれた気持ちがあればできるか」

ますます大きくなっていく御大の声。

合宿所で気合の入らない投球で負けたエースを殴っているのを見たことがある。180センチを超える選手を相手に160センチ、90キロ超の御大は何度跳び上がっても、手が届かず、ついにタイコ腹で体当たりした。

御大はとにかく一生懸命だった。誠実で小ざかしさの全くない一生懸命さが人をひきつけたのだ。

島岡野球にゴール（卒業）までついてきた選手には部員にいたる最後の一人まで、卒業単位の心配から就職の世話まで面倒をみる。これがよく口にした〝人間力〟の総仕上げだ。

そして育てあげた選手が社会へ出るときに贈る言葉が「一球入魂」をもじって「一事入魂」。今後は一事一事に魂を入れて立ち向かえという意味だった。

練習ではレギュラーバッティングの主審をよくやっていた。ゲームでもコーチャーに出て選手を激励したことがある。御大があそこに立てば、ますますサインが相手にわかってしまう。それでなくとも直情型で作戦がすぐばれるタイプなのに……。ＯＢたちが、

"なんとかせい"の明大島岡監督

「打球に当たると危ないからベンチにいた方が……」

と進言すると、

「ここで倒れれば本望だ！」

死ぬまで野球をつづけた島岡御大……そして信念を貫き通したあなたは全く幸せな人だった。

（島岡吉郎監督は一九八九（平成元）年四月十一日七十七歳の生涯を閉じた。明大野球部を率いて三十七年、車いすに乗ってまで陣頭指揮し、ユニホームへの執着は最後まで捨てなかった。）

小泉信三先生の始球式

私が入学したころの慶応の塾長は小泉信三先生であった。

学問で名をなす以前から、小泉さんはスポーツマンとして知られていた。大学時代に庭球部の主将をつとめ、教授になって同部の部長に就任すると、名実ともに日本一のチームに育てあげた。野球にも人一倍の愛情を持っておられ、六大学のリーグ戦をよく観戦、また日吉のグラウンドにも来られた。入学して早々先生の前で新入部員が自己紹介をするのであるが、その感激は忘れられなかった。

そのころ（昭和十七年）は戦時中、戦局がますます深刻となり、軍部を背景とする文部省の野球弾圧は激しくなっていた。そしてリーグ戦は日に日に苦境に追い込まれていった。

早大の飛田穂洲、慶大の直木松太郎、法政の藤田信男らの六大学連盟の理事はリーグ戦の存続をかけて懸命の努力を行った。軍関係、文部省関係者との懇談が何回も持たれたが、あまり効果はなかった。そこで連盟は最後の救いを慶応の小泉塾長に求めたのだ。丸の内ホテルの一室でリーグ関係者の説く野球の危機、文部省の圧迫、それまでの経過を聞いていた小泉さんは最後に「私の力でできるだけのことをしてみましょう」と物静かにいった。

訴えを聞かれた小泉さんは首相官邸で開かれた体育審議会の席上、野球弾圧の無意味でその処置が一方的であることを指摘し、国民を無用に刺激するようなことは断じて避けるべきだと説かれた。軍、文部省の代表をはじめとする審議会の委員たちは一言も反発できず、だまったままであった。

こうした努力と苦心にもかかわらず野球弾圧の日がきた。昭和十八年の春、六大学リーグに連盟解散の厳命が下されたのだ。

リーグ戦の灯は消えたが、大学野球は当該総長の方針に任せるというものであったから、早大も慶応、明大も各校は練習をつづけていた。対抗戦の道は残されていたのだ。

そしてあの学徒出陣の最後の早慶戦――。「このまま戦場へ行くのは残念だ。なんとか早大と最後のゲームをやりたい」

という慶応ナインに小泉塾長は、

「それは良いことだ。ぜひ開催できるよう努力して下さい」

と激励され、心からのバックアップを惜しまなかった。軍部に気兼ねする早大の大学当局などあらゆる困難を退けて決行できたのも、小泉さんの力があったからである。

戦時下、野球弾圧が激しくなったとき、野球擁護の先頭に立ったこと、最後の早慶戦を決行、学徒の門出のはなむけとしたこと、そして戦後も学生野球協会の審査室委員として尽力したことなどから昭和五十年、野球殿堂入り——。

このニュースを聞いたとき、小泉さんを知る人たちは心に灯のともったような和らぎを感じたに違いない。

六大学の古いファンならば、愛用の双眼鏡を目にあてて熱心に観戦していた小泉さんの姿を覚えている。神宮球場で小泉さんの姿を見て「きょうもみえているな」と思うと、なぜともなく安心したものだ。慶大出身者でなくても、神宮の常連のほとんどは、小泉さんのファンだったに違いない。

小泉さんのスポーツ好きは相撲、アイスホッケーなどあらゆる競技に及んだ。『スポーツと私』という随筆集でいちばんページを費やしているのは、テニスと野球である。なかでも亡くなる前年に書かれた「自慢高慢」には野球への情熱がよく現れている。

昭和四十年の春、小泉さんは六大学リーグの始球式でマウンドに立った。かつての名スポーツマンとはいえ、七十八歳の高齢である。投球は、観衆の心配など吹き飛ばす見事なストライクだった。

私はそれこそ始球式だけでも百人以上は見てきたが、正真正銘のストライクを投げた人はそれ

小泉信三先生の始球式

昭和40年春の開幕戦始球式での小泉信三先生。先生の左にいる東大の先発投手井手峻は中日に入り、野手で活躍。現在は中日ドラゴンズの広報部長代理。打者は慶大の大滝隆太。先生の右は菅太一球審で先生のステッキを持っている。

まで見たことがない。

始球式をやった人のインタビューなどそれまでやったことがないが、このときだけは多くの報道陣がとり囲んだ。私が、

「内角いっぱいをつく見事なストライクでしたね」

と尋ねると、

「やあー、マウンドへいってみると遠いもんだね。キャッチボールは学生のころからやっているが、きょうも始球式の前に慶大部員と三球ばかり投げてみたよ」

と自信はあったといわんばかり。「自慢高慢」には「私は学校の試験がすんだ少年の気持ちを味わった」と。まさに会心の一球で嬉しさのあまりにこの一文を書かれたのであろう。

私はすぐさま夕刊に送稿したが各紙とも「小泉さんの見事な投球」と報じていた。そういえば小泉さんから「記事の礼状?」の手紙をいただき、その封書はいまも大事に持っている。

また二女小泉タエさんは「新文明」にこんなことを書かれている。


――父は数種類の新聞の切り抜きと、投球フォームの写真を袋に入れて、表に「始球式関係記事」と書いた。机のひき出しから取り出してときどき眺めていたらしかった。お客様との間で始球式の話が出ると、急ぎ足で袋をとりに部屋へ戻る。そうしてお客様にお見せするついでに自分もまた観賞するのであった――。

六大学連盟から記念品として卓上の置き物が小泉さんに贈られた。三本のバットを組み、その上に始球式のボールを載せるようになっている。「それを客間の一隅の卓上に置き、それは何かと問うものがあったら手柄話をしようと思っているが、人はきいてくれない。世に心利きたる人というのは少ないものである。」

というのが「自慢高慢」のユーモラスな結びになっている。

野球の殿堂にいるのは、すべて野球を熱愛した〝心利きたる人〟ばかりだ。皆ひざを乗り出して、小泉さんの手柄話に耳を傾けてくれることだろう。

泣き出したエース

『慶応義塾野球部百年史』を出版するとき、〃白球百年〃の座談会をやった。司会をつとめた私がそのしめくくりとして当時の前田祐吉監督に、

「いまの選手気質は昔とかなり変わってきたような気がしますが……」

と質問した。前田監督は、

「非常におとなしくなったというのは事実です。以前はキャプテンがどうこういってもなかなかみんながその通りにパッと動かなかった。いい意味でも悪い意味でも侍がいたわけです。最近はそういう点では非常にまとまり易い。ただ以前は先輩なり、監督なりが、こうしろといいますと、はいといって盲目的にやってたものですが、いまの若い者はその理由をよく納得させないとやりません。だから昔ほど夢中にやらないといいますけど、それはコーチの側にその理由を科学的に

論理的にきちんと納得させるだけのものがないと駄目なんです。彼らは納得したら一生懸命やることは昔の人と変わりません」

これはこれで正しいと思うが、たしかに野球味溢れた〝侍〟は少なくなった。それだけに〝侍〟が登場してくると嬉しくなる。最近の異色選手六大学の〝侍〟を二人紹介しよう。

一人はロッテ―横浜で活躍している、小宮山悟投手だ。ロッテ時代毎年契約更改の席で、「アメリカ大リーグみたいに、グラウンドの選手とファンが一体になり、スタンド全体に地鳴りが起きるような雰囲気をつくってほしい」と球団幹部に訴えている。要するに野球は面白いといわれたい、そのためにはファンを大事に、大リーグに学ぶことは全部吸収しろということだ。

投げてナンボ、打ってナンボのプロの世界にあって、確固たる野球観を持ち、それを表現できる頭の良い選手である。

小宮山のトレードマークは度付きのゴーグルである。数年前のアリゾナ・キャンプ、テレビでバスケットボールの試合を見ていたとき、レイカーズの選手がゴーグルにバンドを付けてプレーしていた。早速ホテルのそばのデパートでチームカラーのピンクと黒を2本ずつ買った。

本拠地の千葉マリンスタジアムではピンク、ビジターでは黒と使い分けていた。視力は左右とも0・4と悪い。

それも予備校時代に本を読みすぎたためだという。司馬遼太郎の『竜馬がゆく』を二週間で八巻全部を読み、竜馬と名の付く本なら何でも貪るように読んだ。土佐藩を脱藩した竜馬、代々木ゼミナールに通う小宮山。二人とも〝浪人〟であることに変わりはない。

小宮山は一九六五年、千葉の柏市で生まれ小学校三年生のときから少年野球チームでボールを追う。家から近かった芝工大柏高に進む。早慶戦を見て、早稲田に憧れて受験したが失敗、二年目も不合格。二浪時代に坂本竜馬と出会い、一念発起して受験勉強に精を出しやっと合格。すぐさま野球部の安部寮へすっ飛んでいった。

「早慶戦に登板し、完封できたら死んでもいいと思った」

という。運のいいことに一年の秋、投手陣が総崩れし、6番手の投手だった小宮山が早くも早慶戦の檜舞台を踏む。翌年には投手陣が手薄なチームの事情もあって、早慶戦に先発して念願の完封勝利をおさめる。

そして三年春からエースとなった。

一九八八年、昭和最後の秋のリーグ戦。早慶2回戦、早大が4―3とリードしていた九回二死二塁のピンチで打席に慶応の主砲・大森剛（元巨人）を迎える。

ここでなんとマウンド上の小宮山が泣き出したのだ。ナインがかけ寄り、さかんに慰めたが、小宮山の涙は止まらない。

はた目には、ベンチからの敬遠指示を納得できず、思わず悔し涙を流したかのように思えた。

しかし事実は違った。ベンチからの指示は「勝負しろ」だったのだ。

「それまで再三、大森を敬遠していたでしょう。それであのとき慶応のスタンドから〝小宮山のヨワムシ〟ていうヤジが聞こえたんです。誰が好きこのんで逃げますか。この試合に勝たないと四年生は慶応に1勝もできないまま卒業することになるんです。だからどうしても勝ちたかった。もし一発打たれれば連敗ですからね、どんな手を使っても勝ちたいということで敬遠したけど、不覚にも涙を見せてしまった」

この敬遠が成功して早大は勝利を収めた。〝いまどき、上級生のために涙を流すなんて……〟という声もあるかもしれないが、小宮山の涙は一点の曇りもなく透き通っていた。

大森との対決は神宮の森を沸かせた。八八年春、史上6人目の三冠王に輝き、5割以上の史上最高打率を狙っていた大森の最終打席を小宮山は外のシュートで三塁のファウルフライに仕留めて、その夢を絶ち切った。そして、〝涙の2回戦〟のあとの3回戦、このときも大森の連続首位打者がかかっていたが外のシュートでうまく二ゴロに打ちとる。大森は「記録がかかっている大事なときに、いつも小宮山がいた」とふりかえる。

六大学では通算20勝10敗。マウンド度胸を高く評価されてロッテに1位指名された。早大出身のドラフト1位は、野手が一九七九年の岡田彰布（阪神二軍監督）以来、投手では六九年の小坂勝彦（元巨人―日本ハム）から久しくなかった。

赤門の豪傑

部創立以来の〝赤門の豪傑〟といえばこの人だ。一九七九（昭和五十四）年から八一年にかけて東大の四番を打った下島忍外野手だ。東大野球部史上最高監督にバットをぶっつけ、悔しければ泣き、腹が立つと怒りをぶつけた。東大野球部史上最高の〝ガッツ野郎〟といわれた。

彼の武勇伝は無数といっていいほど。都立国立高から東大を目指したが、一年目は失敗して灰色の浪人生活を送る。予備校通いのかたわら、母親のパート先のスーパーの魚屋の野球チーム「サカナーズ」に〝擬装入団〟。魚海岸の大会などで賞品をかっさらった。

翌年志望ランクを下げ、国立大二校を受験、両校とも一次に合格し、面接まで進んだのだが……。

教官に「父親は尊敬すべき人ですか」と聞かれ、前日大ゲンカした余韻が残っていたのか、「先生、くだらん質問するんじゃないよ」

といって防衛大は不合格。

ついで受けた筑波大医学部も一次は突破、二次の「パネル・ディスカッション」で青白きインテリが「医師を志すものは思想が大切。いくら頭が良くても、運動部にいたような人間には哲学がないから……」といわれ、下島は即座に立ち上がり、インテリの襟首をむんずとつかみ、「なにをこのブタ野郎、トットと出て行きやがれ」と教室の外に放り出し、この瞬間、二浪が決定した。

予備校時代もくだんの魚屋でアルバイト。魚市場で、特製リヤカーにひかれそうになったり、あかぎれを作ったり、そんな辛さを酒でまぎらわす。二日酔いでの予備校の教室では下島の周りにポッカリ空席。酒臭いから、みんなが逃げた。魚屋に冷やかしにくる男に「お前なんかに売らねえ、帰れ」とどなり、ケンカになる。

やっと三年目〝面接のない〟東大理科II類に合格。入学金はすべて自分で稼ぎ出した。

サングラス、革ジャンスタイルで東大球場へ現れ、

「チンタラ、チンタラ、プレーしやがって！　お前ら恥を知れ」

とヤジりに行った。すると、

「デカイロをききやがって、お前できるものならやってみろ」

と逆にいわれ、その場で練習着に着替えてグランドを三十周。国立高校時代4番バッター、10本以上のホームランを打った腕前をみせたら、東大ナインもびっくりした。

春の新人戦の立大戦でライトオーバーの大三塁打。そしてその秋初めてベンチ入り。最終カードの立大戦の前夜、当時の渡辺融監督から、

「明日はイケるかい」

と聞かれ、「まかしておいて下さい」と答えた。

翌朝四時に起き、素振りを100回、試合中もベンチ裏で素振りを繰り返す。だがお呼びの声がかからなかった。

試合後ロッカーで監督にバットを投げつけ、寮に帰ってからも大声でわめき散らした。渡辺監督は〝まあまあ落ち着け!〟とビールを下島についでやったら、そのコップを床に叩きつけた。

二年生の春(昭和五十四年)。開幕戦から6番、右翼手で出場、下島にとってリーグ戦初打席になんと、早大・向田佳元投手からレフトへホームランとてつもないことをやってのけた。しかも下島は前夜合宿でナインに、

「初打席は一生に一度。思い切ってホームランを狙う」

と予告していたというから驚く。

このシーズンは六大学リーグが100シーズン目を迎え、その開幕日の第一試合に打つのだから下島という男はすごい。

またリーグ戦初打席ホームランは東大では初の快挙だった。またその後もまだ出ていない。あの怒りの気持ちなくしては、初打席ホームランは生まれなかったに違いない。この一打でレギュラーを確保。このシーズンはよく打って37打数、13安打の打率3割5分1厘、早慶戦では電卓片手に観戦、ほぼ同率のバッターが凡退するたびに電卓は小気味よく打率を下げた。結局ベストテン9位にすべり込んだ。

その秋から東大の4番に座る。しかし4シーズン2割台の打率、四年の秋に49打数、17安打、3割4分7厘のベストテン5位で最後を飾った。

ホームラン6本は東大史上最高。部創設以来の最高のスラッガーであり、熱血漢。こんなサムライはもう出ないだろう。

〝二冠〟でキャスターの夢を……

スポーツ・ジャーナリストとして活躍している青島健太――。

茶の間の人気を集めている青島キャスターのさわやかな笑顔を見ていると、いつもあのときの健太の顔を思い出す。あのときも人なつこく、誰とでも気軽に話す陽気な少年だった。

健太との出会いは一九七五（昭和五十）年の十月、彼は春日部高の二年生、場所は横浜の保土ヶ谷球場の正面玄関前。

秋の関東大会が開催され、1回戦で春日部高が快勝、ベスト4に進んだときだった。この試合で彼はライトへすばらしいホームランを打ち込んだ。その鋭いスイングに感心したが、それよりも一つ一つのプレーに跳びはねているような躍動感があり、なんともいえないさわやかさに引きつけられた。

近くにいた埼玉県高野連の役員から、

「勉強もよくできる。学年のトップクラスの成績だ」

と聞いたので、私は試合が終わると健太のもとへすっ飛んでいって、

「慶応で野球をやってみないか」

と声をかけたのである。

健太にはこの大会でもう一つのできごとがあった。試合前夜、横浜の宿舎前の道路でスイングしていると、

シーズン最多22打点の記録を持つ青島健太

「こんな夜遅く大勢で何をやっているんだ」

と薄暗い路地から怒鳴られた。

カチンときた健太は、

「おっさん、迷惑か」

と語気を高めて言い返した。

「目あくかって？　目は見えなくても騒がしいのは聞こえるぞ」

と言いながら明るいところに

出てきたその人は目が不自由だった。健太は言葉の誤解を解き、明日の試合を説明した。聞くとその人も盲人野球をやっているという。目が不自由でも野球をつづけている人の情熱に、勇気の湧くような感動を覚えた。

「大学での野球をあきらめかけていたが、この二つの出会いで、慶応で野球をしたいという決心がついた」

という。

健太が入学した昭和五十二年は当時の慶大では珍しく新人の豊作の年だった。甲子園でサイクル男の異名をとった玉川寿（土佐高）や投手でスイッチヒッターで鳴らした千賀儀雄（中京高）らがいて、いくら春日部高で公式戦だけでも15ホーマーを飛ばし、関東一のスラッガーと呼ばれた健太もやや影が薄かった。

それでも二年生になると三塁手のポジションが口をあけて待っていてくれた。ミスも多かったが、当時の福島敦彦監督は我慢強く、使いつづけた。そして特訓で鍛えあげた。この真夏のノックが健太の下地をつくった。

秋の法大1回戦は延長十三回の熱戦となり、それを決めたのが健太だった。打球は一直線にレフトスタンドへとび込む決勝アーチとなった。リーグ戦初ホーマーがサヨナラという快挙にバンザイしながらホームインした健太のあのすばらしい笑顔がいまでも忘れられない。

昭和53年秋の慶法１回戦、慶大・青島が延長13回左翼へ
サヨナラホーマーを放ち、三塁コーチャーとハイタッチ。

ようやく一人前の選手らしくなったが、このころの健太は、

「どこかの高校で社会科の先生になって野球の監督をやり、自分が高校時代果せなかった甲子園へ行ってみたい」

そのために激しい練習の合間をぬって教職課程の授業も受けつづけていた。そればかりか家庭教師のアルバイトまでしていたのだ。ごく平凡なサラリーマンの家庭に生まれ、草加市松原の3DKの団地に育った健太にしてみれば、アルバイトをしながら大学生活を送るのは当たり前のことと思っていた。

こうした健太の堅実な青写真を狂わせたのが、昭和五十四年秋の大活躍であった。

そのきっかけとなったのが東大戦の敗戦だった。1回戦は大勝したものの2回戦には東大の投手に抑えられて2—4の敗戦。3回戦が雨で延び、結局二週間後の立大戦の後で行われることになる。

東大に敗れて、ナインはこれを発奮材料として練習に励み、健太も長く持っていたバットをふた握りほど短く持ち、コンパクトにしぶとく打っていく打法に切り替えた。

決意新たに臨んだ立大戦に連勝、東大にも快勝した。この3連戦で健太は打ちまくり、3試合連続ホームランに10打点の荒稼ぎ。打率4割台で首位打者も射程圏に入れ、三冠王も夢ではないという猛打ぶりであった。

青島が打ったときの慶応は強い。残る早大戦に勝てば優勝の可能性も出てきたのだ。

青　島		原
182cm	身長	181cm
103cm	胸囲	100cm
80kg	体重	80kg
85cm	ウエスト	84cm
100cm	ヒップ	98cm
43cm	首回り	41cm
20cm	手の大きさ	25cm
右65kg	握力	右60kg
左65kg		左62kg
81cm	股下	84cm
27.5cm	足の大きさ	26.5cm
60cm	太もも	60cm
80cm	腕の長さ	82cm
48cm	肩幅	45cm
94cm	座高	93.5cm
両眼0.2（コンタクト）	視力	両眼1.5
14秒9	ベース一周	14秒8

早慶1回戦にサヨナラ勝ち。あと一つ勝てばまで行ったが、2、3回戦に敗れる。しかし健太は3回戦の初回、福島監督から「チャンスがあれば狙え」といわれ、内角低目のシュートを巧くとらえて、レフトへ先制の2ラン。打点記録を更新するとともに田淵幸一（法大—元阪神）の持つシーズン最多本塁打タイの6本にも追いついた。

早大の岡田彰布（阪神）も本塁打を放ち、両主砲のホームラン競演にわく好ゲームを展開、延長12回にもつれ込んでの惜敗だった。

健太は3試合連続を含めて6本塁打、そしてレコードの22打点と二冠王を手にして六大学のスターにのし上がったのだ。

週刊ベースボール「'80大学野球展望号」の表紙は大学野球の人気を二分していた東海大・原辰徳（巨人）と健太のバッティング・フォーム。しかも巻頭口絵では「ザ・ライバル」特集を組み二人を並べて比較している。

面白いことに二人にはほとんど差はない。手の大きさと股下でややスマートな原が3センチ長いぐらい。違いは視力、健太はコンタクトを使用しているのだ。

「今年の目標」「課題」「ライバル」について、それぞれ答えているわけだが、「将来の夢」で健太ははっきりと、

「テレビ局でプロデューサーになるのが夢。何もないところから何かを作り出す仕事に生き甲斐を感じる。しかし野球は何らかの形で続けていくだろう」

といっているのだ。

もともと進学校として有名な春日部高に進んだのは医者になろうと思ったため。ところが好きではじめた野球の道で腕をあげたばかりに進路が変わり、先生へ。それから大学の一流選手になってプロ野球選手（元ヤクルト）へと移った。故障のため実力を発揮できないまま89年に引退したが、スポーツ・キャスターとして、テレビの仕事への道は大きく開かれたのだ。

健太の人生設計の転変をみると、興味深いものがあるが、その中での大きな岐路となったのが三年生の秋の6ホーマー、22打点。一躍、六大学のスターにのし上がったあのときだったと思う。

そのときつかんだ〝将来の夢〟に向かって健太はばく進したわけだ。

剛球ナンバー・ワン

「史上最高の剛球投手はだれか――」

四、五年前、ある雑誌社からのアンケート。

伝説の人、沢村栄治から金田正一、稲尾和久、尾崎行雄、池永正明らの顔が浮かんできたが、私は躊躇なく「江川卓」と書き込んだ。

ただし、〝巨人の江川〟ではなく、作新時代の、それも〝二年生の秋の江川〟だった。

巨人の江川は一九八一（昭和五十六）年に20勝、そのとき1イニング平均奪三振は0・91。これをピークにあとは減り続ける。そんな江川を見て〝あの快速球はどこへ行ってしまったのか――〟と悲しくなったことがある。

〝怪物〟と呼ばれ、超高校級といわれたころの江川のボール、それは夢のように速かった。

一九六二（昭和四十九）年秋の関東大会。ぶつかった銚子商は五回を終わって12三振。当時の銚子商の斉藤一之監督（故人）は、

「こりゃ打てない、完全試合をやられるかもしれない」

と覚悟したという。選手たちはベンチに帰ってくると青い顔をして一言も喋らなかった。

初めて甲子園の土を踏んだ三年生の春。優勝候補の北陽とのゲームは異様なムードではじまった。試合前のウォーミングアップ。第1球のストレートが投げられたとき、江川のあまりの速さにスタンドは「ウオー」と大きくどよめいた。

強打の北陽打線からバッタバッタと三振のヤマを築いていく。力強いストレートはほんとうにホップしているように見えて、北陽打者のバットはボールをかすることもできない。投球が最初のバットに当たったのはなんと22球め、それもファウル。そのときすごい歓声があがる。バットに当たっただけで満員のスタンドから拍手が送られたのだ。

完全試合2回、ノーヒットノーラン12回、連続イニング無失点145回を誇る怪物投手も、味方の打力の援護がなく、甲子園では優勝できなかった。

当時江川の捕手だった小倉偉民さんは早大に進み活躍し、卒業後亀岡高夫元建設大臣の養子となり、現姓は亀岡。衆院選に福島から出馬した人であるが、その亀岡さんから聞いた話。

「夏の予選の2回戦でボクが骨折して欠場。控えのキャッチャーが出た。五回までノーヒットノーラン、六回に入る前に〝記録を狙うから本気で投げるぞ！〟と捕手に言って投げた1球目、

ボールはミットをかすめて、審判のマスクを直撃、審判は仰向けに倒れてしまった。ムチウチ症で入院です」

そんな〝怪物〟がどうして普通の人間になってしまったのか！　二年生まで江川を徹底的に走らせた鬼監督がやめ、以後手抜きのランニング。激しい練習を避ける。本気で投げない間に打たせてとる省エネ投法をおぼえる。身長184センチ、体重82キロであった体が大学に入って90キロを超す。体のキレは鈍り、豪速球を投げる土壌そのものが、体とは逆に痩せていった。そしてヒジ、肩を痛めて……。

「高校二年生のときが最高でしたね」

という亀岡さんに、

「いまのスピードガンなら155キロ以上出ていたね」

という私。江川の球を毎日受けていた捕手とネット裏の一番前で見ていた二人がいうのだから、これは間違いない。

〝怪物〟江川卓が〝慶応を受験する〟というので慶応義塾野球部は色めき立った。一九七三（昭和四十八）年のことであった。野球部のOB会、三田倶楽部では山本泰蔵会長を中心に大戸洋儀監督らと〝受験勉強〟の指導をすることになり、知り合いの先生に頼んで勉強の特訓の合宿を行った。

そして翌七四年の受験、三田の山は異様な雰囲気に包まれる。トップを切って行われた法学部入試の二月十八日には報道陣がつめかけて三田周辺は大騒ぎであった。

しかし残念ながら不合格。

「やっぱり、慶応だ、どんな有名選手でもできなければだめなんだ」

「ジャーナリズムがあまり騒いだので、入れると勘ぐられるから落としたんだ」

と周囲はいろいろ取り沙汰した。卒業生の間でも、

「よくぞやった。有名選手であろうと何であろうとフェアにやってくれてよかった」「いや、私学だから少々目をつぶってもいいのではないか、野球部の活躍は学生の志気にもひびく」

と議論が分かれた。

結局江川は法政を改めて受験して入学した。

この年は江川のほかに静岡高の植松精一外野手、水野彰夫捕手、永嶋滋之三塁手、滝川高の中尾孝義捕手、丸子実の堀場秀孝捕手ら甲子園で活躍した花形選手が多数受験したのに入学したのは永嶋と高松一の土居靖典内野手だけ。堀場は一浪して翌年合格した。植松は江川とともに法大へ。そして阪神。中尾は一浪して再度受験したが失敗。専大からプロの西武、巨人で活躍した。

これらの選手が一挙に入っておれば、慶応も〝黄金時代〟を迎えていたであろう。それだけに野球部のOBたちは、

「野球というのは、ある程度素質だ。入試の門を狭くしている限り、野球部は強くならない。体

育会学生には門戸を拡げるべきだ」

と残念がる人が多かった。

法大は江川、植松を迎えて〝黄金時代〟に入った。そして六大学リーグも〝江川人気〟で久しぶりにわいた。

しかし江川は高校時代の〝怪物〟からみるといささかおとなしい〝怪物〟だった。六大学の球史の中でたしかに一時代をつくったが、バッタバッタと三振のヤマを築いた高校時代とくらべると記録らしい記録を残さなかったからだ。

とくに江川らしいと思ったのは一九七七（昭和五十二）年秋の最後のリーグ戦、明大1回戦に勝った法大は四連覇へ王手をかけた。江川は通算勝利を〝47〟とし、こちらの方も先輩山中正竹投手（法大監督）の持つ〝48勝〟に王手。だが江川は、

「これですべて終わりました。ほかの投手がたくさんいます。ボクの勝ち星はもうこれで結構です。四年間、体をこわさず元気にやってこられてよかったと思います」

とあっさりこの日で、〝サヨナラ公演〟ときめ込んだのだ。

結局、江川は最後のマウンドに姿を見せず、本来ならもっと脚光を浴びるはずのフィナーレなのに主役はベンチの中。栄光の優勝決定投手を鎗田英夫投手（日本石油）に譲り、48勝のリーグ最多記録も消えた。

江川はいつもベンチでは外野手寄りのはじっこに座っていた。円陣を組むときもナインより半

歩後にさがっていた。なんとなくチームから離れ、孤立している感じであったが、江川ほどチームワークということを気にする選手もいなかった。

下級生時代は上級生に気兼ねするようすがみられたし、上級生になってもたえず、チームワークを気にしていた。

「ボクはもともとマスコミやなんかのいうような〝強い人間〟ではないんです。自分では神経質で慎重な性格だと思っています。バスに乗るときは衝突したり、追突されたりしたときのために中ほどに座りますし、ホテルでは一番先に非常口を探します」

高校を卒業するとき、プロへの道ではなく、進学を選んだのもその慎重な性格であったようだ。〝48勝〟の通算記録も、先輩を追い越す可能性は十分あった。本人にその気さえあれば周囲も協力を惜しまなかったはずだ。それを自分から記録への道を閉ざしてしまったのだ。

「ぼくだけが野球をやっているわけじゃない。チームワークの勝利ですよ」

と強調していた。

江川は一年生の秋に優勝投手となってから、在学四年間中、5シーズン優勝の原動力となった。とくにすばらしかったのが、三、四年生時代の4シーズン連続優勝であった。これほど優勝に貢献した投手は過去にいなかったし、今後も出ないだろうと思われるほどである。

法大のこのときの〝V4〟はすべて勝ち点5と対抗戦に全部勝っての〝完全優勝〟だった。ちょうどこの間の勝利が40。このうち江川が28勝をかせいでいる。ほかに救援によるセーブが二つ。合わせると40勝のうち7割5分までが江川の関係した勝ち星であった。まさにスーパーマンのような活躍ぶりであった。通算〝48勝〟にはとどかなかったが、〝47勝〟の内容はその点過去のどんな投手よりも立派であったといってもよい。

とくにここ一番というときには絶対負けないという強さがあった。江川は当時、

「勝つためのピッチングができればいい」

とよくいった。9点取った試合なら8点取られてもいい。しかし1点しか取れないなら0点に抑えなければいけないというのだ。この勝つためのピッチングが江川のイメージを剛から柔へと変えたようだ。作新学院時代の剛速球投手の面影から超スピードの力投型を期待するファンには、六大学時代の江川のピッチングはたしかにものたりないものがあった。

1回戦に勝っても2回戦を失うと、3回戦に登板しなければならない。連投も頭に入れておかねばならないだけに、力で押しまくるよりもテクニックに頼る度合いが強くなっていた。そして巧みな投球術が磨かれ、完封する率も高くなっていた。江川がただ一つ六大学史上に残した記録の〝17完封〟はここから生まれた。

「彼はサラブレッド。僕はダ馬みたいなもの。同じ勝ち星をあげるにしても比較にならない。さらりと勝つ江川に比べ、こっちは悪戦苦闘、血みどろの戦いでしたよ」

と先輩の山中が江川のピッチングを見てつぶやいたことがある。江川ほどラクに投げた投手はそれまで見たこともなかった。

弱打者に気を抜いて打たれたこともあった。しかし当時の早大の吉沢俊幸（元阪急）や岡田彰布（阪神二軍監督）、佐藤清（日本生命）、慶応の堀場秀孝（元広島）らの強打者に対して投げる球は全く違っていた。ここというときは凄味のある球を投げていた。

やる気があれば投手記録をつぎつぎにぬりかえていたであろう。だが江川はそれに挑戦せず、絶えず余力を残していた。ラクに投げラクに勝ち、感激の涙も、歓喜の笑顔も見せずに神宮を去った。静かな〝怪物〟だった。

早稲田の〝那須与一〟

昭和四十年代の前半、早大のエースとして活躍した小坂敏彦投手（元巨人）を憶えているファンは多いと思う。左腕の好投手でリーグ戦の成績は22勝5敗。ベストナインにも選ばれている。

このころの早大は荒川堯、千藤三樹男、谷沢健一、小田義人、阿野鉱二、と後年プロ野球で活躍した人がずらりと並び、投手陣も元オリックスの三輪田勝利、高橋直樹、安田猛、小川邦和とすごい顔ぶれだった。小坂は二年上の三輪田のあとのエースだった。

この小坂は投げるばかりか、バッティングも良く、四十三年秋には優勝投手となった上に、最後の早慶3回戦ではチームメートの阿野捕手と首位打者を争ったほど打ちまくった。八回一死後、小坂に最後の打席が廻り、慶応の上岡誠二投手から緩い深いセカンドゴロを打った。小坂の俊足さからみてほとんど内野ヒットになると思われたのに、小坂は全力疾走せずに間一髪アウトになってしまった。ちょっと力走すれば絶対セーフで打率4割6厘となり、阿野の4割4厘を抜いて、彼の頭上に首位打者の栄光が輝いていたはずであった。

この秋小坂は8勝1敗で防御率0・81で投手成績第1位。首位打者になっておれば投、打のタイトルを独占するという史上初の快挙だった。

「なぜ全力で走らなかったのか?」

という質問に、本人は

「まだあと一イニング投げる責任があった」

と答えたが、8―2とリードしており、ここは一打狙ってみるべきだった。

それにしてもシーズン最後の一戦で、バッテリーが首位打者を争うなど、全く珍しいこと。このシーズン早大は小坂、阿野、小田、荒川、谷沢と五人もベストナインに選ばれて、完全優勝を飾った。

小坂にはもう一つ思い出がある。これは六大学のファンとして有名だった元フジテレビの常務萱原宏一さんから聞いた話――。

萱原さんは早大出身で同郷の小坂投手を可愛いがっていたが、小坂が四年生の秋、

「在学中に一本は神宮でホームランを打ってみせます」

と約束していた。萱原さんは「ほう、ホームランをね」とそれほど投手の小坂には期待はしていなかった。ところがシーズンも大詰めの彼にとっては最終戦に打ってその公約を果たしたのだ。

この日彼の最後のゲームとあって故郷から両親をはじめ一家一族十余名がわざわざ四国から上京して観戦に来ていた。

萱原さんの説明によると、彼の生家は屋島の壇の浦の那須与一宗高が、扇の的を射落とした附近にある。萱原さんは一族のすぐ近くで観戦していたから、彼らの一喜一憂が手に取るようにわかった。

そして三回小坂は慶応の長谷川裕展投手の内角のカーブを思い切って強打、打球はライナー性の飛球となって秋空を切り、ライトスタンドの中に消えた。彼は見事に公約を果したわけだ。那須与一は発止と扇の要を射たのである。

そのとき、彼の母親がチョコチョコ立って、手に一杯作っていた紙吹雪を持って、人をかきわけて早大のダッグアウトの上に出た。そしてホームインして引き上げてくる息子に向かって何事か叫びながら紙吹雪をバッと投げかけたのだ。父親は泣いていた。母親が真白なハンカチを出して、人目を憚らず、その父親の涙を何度も何度も拭いていた。

小坂は学窓を出る最終戦にすばらしい親孝行をやってのけたのだ。

小さな巧投手

六大学史上で一番勝ち星を挙げたのは法大の山中正竹投手（現監督）である。80試合、48勝13敗という素晴らしいもの。

その後、あの江川卓（法大―巨人）がこの48勝に迫ったとき、私は毎日新聞に「江川が追う男・山中」のコラムを掲載したことがある。

その書き出しにこんなことを書いている。

――スイスイと勝ち星を重ねている江川のピッチングを見て、山中はつぶやいた。

「彼はサラブレッド。僕はダ馬みたいなもの。同じ勝ち星を挙げるにしても比較にならない。さらりと勝つ江川に比べ、こっちは悪戦苦闘、血みどろの戦いでしたよ」――

184チセン、85キロの大型の江川に比べて、山中は168チセン、62キロの小さなサウスポーだった。天与の素質に恵まれた江川が余裕を持って投げていたのに対し、あのころの山中は連戦連投を続け、ヘトヘトになるまで投げ続けたのである。

確かに山中と江川の勝ち星の内容には大きな差があった。

あの時分の六大学は今よりレベルが高く、ほかのチームも強かった。早大には八木沢壮六（阪神コーチ）、三輪田勝利（元阪急）、小川邦和（元巨人）、小坂敏彦（元日本ハム）、安田猛（元ヤクルト）と投手の顔ぶれだけを見ても凄かったし、谷沢健一（元中日）、荒川尭（元ヤクルト）、小田義人、千藤三樹男（元日本ハム）と猛者が並んでいた。

明大には星野仙一（中日監督）や高田繁（巨人二軍監督）、慶大には藤原真（元日本ハム）、立大には小川亨（元近鉄）ら、東大も井出峻（元中日）が力投したときは手ごわかった。法大の独走に近い江川時代と群雄割拠の当時の六大学における法大の位置が、まるっきり違っていたことは事実だ。

しかも同期の江本孟紀（元阪神）や後輩の横山晴久（元日本ハム）らの大型投手が目白押しで、たえず追われる立場にあった山中は「エースの座を守るのに必死だった」という。

一年生の春にベンチ入り。しかもエースが故障し、二番手の投手も終盤の東大戦に負傷したため、急きょリリーフに出て初勝利。そして秋には明大、慶大を完封して一気にエースの座にかけのぼる。

最も好調だったのは二年生のとき。春が7勝3敗、秋は9勝1敗で5シーズンぶりのヒーローとなった。

そしてこの秋の早大4回戦を4対0で勝ってから、翌年春に5勝と白星街道をばく進、秋の早大2回戦で谷沢にサヨナラ・ホーマーを浴びて涙をのむまで、14連勝を続けた。

結局、山中は三度優勝投手となり、そのほかは二位か三位と在学中、Aクラスをキープしたのだ。

〝無事これ名馬〟というが、山中が故障もなく、コンスタントに力を発揮したのは「人一倍ランニングしたから」という。

山中のピッチングの巧みさは左腕投手独特のシュートをうまく使ったことだ。外角低めに落ちるシュート、俗に〝スクリューボール〟というが、外角の微妙なコースにコントロールされていた。

ライバルの早大のダウンスイングに対しては〝タテの変化〟が必要と落ちるフォークボールを身につけて、強力な武器としたことも大きかった。

その当時、慶大の野球部ではすでに〝コンピューター野球〟を取り入れていた。その中心となった新人監督の柴田裕美君（富士銀行）から最近、当時の「コンピューター作戦」の資料を入手した。その中に山中投手のピッチングを分析していたのがあった。資料から抜すいしてみると――
一、山中投手の特徴

㋑純然たるストレートは少なく外角はシュート気味
㋺走者が二塁にいるとフォークボールを多投する
㋩初球に直球はまず投げて来ない
㊁凡打に打ち取られているのは外角のシュートを引っ掛けている

そして攻略法やその練習方法など細かく分析している。攻略法としては、好球必打とか高めのすっぽ抜けのフォークボールを狙えとかいろいろ書いてあるが、山中のコントロールは絶妙で、低めの微妙なコースに決まっていたし、失投も少なかった。その全部を紹介できないのが残念だが、この一部を見ても、いかに素晴らしい投手であったかが分かる。

しかも冷静で、相手が弱くても手ごわくても鷹のような表情でマウンドに登り、快投をやってのけても、打ち込まれても同じ表情で降りてきた。マウンドで白い歯を見せたり、首をかしげたりすることもなかった。試合後のインタビューも勝っても負けても折目正しく、きりっとしていた。記者生活五十年、何千人もの投手を見たが、一番クールな投手だった。

昭和四十二年春の慶法4連戦——。1勝1敗の3回戦は田淵幸一が豪快なホームランを二本もたたき込むと、慶大は11回、二度目の同点に追いつくなど大熱戦を展開し、2対2で引き分けた。完投した山中は62キロの体重が57キロに減り、結局4回戦に力尽きた。試合時間四時間四十八分は六大学の最長時間試合のレコードとして残っている。山中にとって一番印象深い試合だった。

早大との優勝をかけた数々の熱戦も球史を飾った。なかでも好打者・谷沢との一騎打ちはスタンドを沸かせたものだ。

山中は一年の秋の初対面では三振を取ったが、連勝記録にストップをかけられた決勝ホーマーなど3ホーマーを浴びた。

「お互いに張り合いながら腕をみがき合った。本当にいいライバルだった」と山中。「プロに入っても十分やれる好投手だった」

と谷沢も当時をなつかしがる。

山中は四十四年秋の最後のシーズンの東大2回戦に勝って46勝の新記録を達成したが、一番忘れられないのは最後の明大2回戦だという。

十四回目の優勝を目前にした法大は、八回を終わって6対3とリードしていた。一回から投げていた横山投手は好調だったが、松永監督は九回に入ると「ピッチャー山中」と交代を告げた。前日の1回戦に完投勝ちし、通算勝利を〝48〟と延ばした山中に対する卒業へのはなむけだった。山中は三人の打者を簡単に打ち取って最後を締めくくり紙吹雪を浴びた。

「とてもうれしかった。最多勝なんか問題にならない。オヤジに感謝します」と山中が涙を流していたのを思い出す。

それにしても〝48勝〟を追っていた江川の最後のシーズンは山中と全く対照的であった。昭和五十二年秋の最終カード、明大1回戦に勝った江川は通算勝利を47としながら、「これですべて終わりました。ほかの投手がたくさんいます」とあっさり、この日で〝サヨナラ公演〟を決め込んでしまったのである。

先輩を追い越す可能性は十分にあったのに、自分から記録への道を閉ざしてしまったのはいかにも江川らしい。「勝ち星の内容がまるっきり違うから……」と恐らく自分でも思って、偉大なる先輩に遠慮したのかもしれない。

Column

六大学とプロ野球で通算3割の打者は…

六大学とプロ野球両方で3割を確保したのは、谷沢健一と別当薫の二人だけだ。

早大の谷沢健一外野手（元中日）は二年生の秋から6シーズン連続3割を打って通算308打数の111安打、3割6分の成績を残した。プロ野球でも2062安打、273本塁打、969打点で通算3割2厘を打った。

別当は慶大で打率3割5分6厘、プロ入り後阪神、毎日で通算965安打、155本塁打の打率3割3厘だった。

巨人の高橋由伸が仲間入りするか。

天才スラッガー別当薫

甲子園、神宮で鳴らし、プロ野球でも天才スラッガーといわれた別当薫さんが一九九九年四月十六日他界した。

前年の七月日吉での三田倶楽部（慶応野球部ＯＢ会）懇親野球大会に別当さんが珍しく参加、そのときはとても元気であっただけに悲報を聞いたときは驚いた。

箱根でゴルフ三昧の毎日、久しぶりにあの戦後のチームメートの会合があれば「今度は出席するよ」といっていたのにそれが実現できなかったのは残念だった。

別当さんは兵庫の甲陽中時代から投げてよし、打ってよしのスタープレーヤーであった。私はそのときから天才スラッガーぶりを見ているが、思い出すのは一九三八（昭和十三）年夏、滝川中に勝って甲子園へ出場したとき。この夏は関西大風水害があったため、兵庫県予選の開催が遅

戦後復活した昭和21年春のリーグ戦
で優勝、連盟杯を手にした別当主将。

れて、予選が終わったのが、本大会開幕の前日だった。だからユニホームも予選で汚れたまま、開会式の選手入場のとき、スタンドから〝別当中学〟という声がかけられた。

新聞も〝甲陽の別当〟か〝別当の甲陽か〟と書きたてていたのだから、こんなヤジがとんだのだ。左足を高くあげて、力強い速球を投げ込む本格派。一人で打って、一人で投げるこのワンマンチームがベスト4へ進み、当時優勝候補の強豪岐阜商と対戦。大島信雄（慶大—元松竹）と投げ合い、投手戦をくりひろげ、七回強打の加藤三郎（明大）に決勝打されて涙をのむ。

慶大に進み、すぐさま4番にすわり、一九四二年春のリーグ戦では首位打者となる。学徒出陣で海軍の予備学生となり、久里浜の通信学校で少尉に任官。フィリピンの1021航空隊に配属されることになっていたが、便がなく待機、横浜で終戦となった。そのためいち早く復学、主将として野球部の復活に努力した。四十六年春のリーグ戦では5戦全勝で優勝。食糧難の時代、栄養も十分ではなかったこともあり、シーズン途中で黄疸にかかり、練習をせずに試合だけに出場していたが、よく打った。戦争でリーグ戦が中断されていたため別当さんの活躍したシーズンは短かったが、3割5分の通算打率はすばらしい。

とにかく打球は弾丸ライナーのすさまじさ。バッティング練習での投手をつとめると、別当さんの打球が速いので命がけで投げた。いまのようにバッティング投手の前にはネットもない時代、内角球はレフト方向へ飛ぶからいいものの、外角の低目に投げると、投手ライナーとなって返ってくる。体のあちこちに打球を受ける投手が続出。恐怖の練習だった。バットの先に針金を巻きつけて合宿の庭でよく素振りをしていた。

また合宿でよく、コーヒーを入れてくれて、ご馳走になった。あの当時砂糖などもほとんどなかったのに、別当さんはどこで手に入れるのか、他の人よりも物資豊富だった。

温厚で物静かなタイプ。周囲を近づけない、どこか孤高の人といった感じがあった。群馬県の富岡中学へ一緒にコーチにいったこともある。コーチといっても私は全くのアシスタント。私がノックすると、別当さんが各ポジションでゴロの捕り方などを実地に指導するが、その指導ぶりの巧みさに感心した。

夏の北海道遠征でエースの大島信雄さんが肩の調子が悪く、加藤進捕手が負傷していたため、函館太洋との5連戦はほとんど別当さんとバッテリーを組んだ。この当時はやや横手投げだったが結構力強い速球を投げていた。

卒業後家業の材木業をつぎ、全大阪で都市対抗に出場、四十八年に阪神に入団し、藤村富美男らとダイナマイト打線を形成した。毎日オリオンズに移り、五十年最高殊勲選手、本塁打王、打点王に輝き、通算965安打、155本塁打、打率3割3厘の成績だった。

ポンポンと本塁打をぶっ放すばかりか、俊足で走りまわり、守備もうまかった。プレーヤーとしては攻、守、走三拍子揃った最高の選手だった。のち毎日、近鉄、大洋、広島の監督を歴任、通算1237勝の成績を残す。大洋の代表にもなり、八八年に野球殿堂入り。

〝球界の紳士〟と呼ばれ、おとなしい性格の人だったが、いざグラウンドに出るとファイトもあるたのもしい選手だった。プレーヤーとしては非の打ちどころのない最高の人だったと思う。球界はまた全く惜しい人材を失った。安らかにお眠り下さい。

Column

優勝をフイにした錯覚プレー

人間は機械ではないのだから、思わぬ錯覚を招くことがある。野球のゲームでもアウトカウントを間違えることがよくある。この勘違いから試合を失うという致命的な錯覚事件があった。

それは昭和十三年春の早法1回戦。3—3のまま延長十一回へ。この回、点が入らなければ日没引き分けと思われた。法大は一死一、二塁のチャンスで竹内博が捕前へ当たり損ねのゴロ。小楠勝仁捕手が素早く拾って竹内にタッチした。そこまではよかったが、二死を三死と間違えてプレートの方向へぽいとボールを投げ捨ててしまった。これを見て、三進していた鶴岡一人がホームへ駆け込んで、法大は貴重な決勝点を挙げた。

鶴岡にサヨナラのホームを踏まれ、キツネにつままれたように試合を落とした早大はこの黒星が大きく響き、優勝決定戦で明大に負けた。優勝をフイにしたボーンヘッドといわれた。

韋駄天、田部武雄

文藝春秋発行の「文春文庫」ビジュアル版『昭和スポーツ列伝』が、数年前に出版された。一九二八（昭和三）年のアムステルダム・オリンピックで日本人として金メダル第1号になった織田幹雄にはじまって、激動の昭和史を彩ったスポーツマン（ウーマン）を百三十五人選んで編んだ本である。

アマ野球から七人が選ばれて、私が原稿を書いた。七人を選んだのは文春側で、人選には私は立ち合っていない。そのうち宮武三郎（慶大）、田部武雄（明大）、吉田正男（明大）、石井藤吉郎（早大）、石井連蔵（早大）、渡辺泰輔（慶大）の六人が六大学のOBだ。

宮武、渡辺は慶応の先輩、後輩で親交があったし、吉田、両石井はもちろん取材などで親しくしていたので、その人柄などはよく知っているので苦労しなかったが、田部だけはプレーを見ていない。戦死したので一度もお会いするチャンスがなかった。

明大時代の武勇伝などは当時の明大のチームメートたちから聞いていたので一応知っていたが、このとき原稿を書くので詳しく取材してみると面白い話がつぎつぎと出てきて、その特異な才能に驚嘆したものだ。

「田部ほど天才的な野球カンを身につけていた選手は見たことがない」

と当時を知る人は口を揃えていう。

足が速く、塁上を走りまわり、守備も華麗だった。ときにはマウンドに立って強打者連をキリキリ舞いさせる。捕手以外はどこでも器用にこなすユーティリティプレーヤーで、俊足、強肩、好守、好打、すべてに飛び抜けたカンの良い選手だった。だが、その輝かしい球歴の中にも空白の部分が多く、謎に満ちた不思議な一生であった。

田部は広島市で生まれ、広陵中に入ったが、途中でとび出して大連に渡っている。

そして大連実業で仕事をしながら野球を楽しんでいた。当時遠征してきた明大と対戦、小柄ながらすばしっこい田部のプレーが明大の幹部の目にとまり、明大進学をすすめた。

田部は日本に帰って広陵中学に復学し、春の甲子園大会にエース、三番バッターとして大活躍し、決勝まで進出した。連投の疲れから和歌山中に打ち込まれたが準優勝投手となった。

二十一歳になって中学へ復学したのは大学へ行く資格をとるためだった。夏の大会は出場資格がきびしく、二十一歳の田部は出場できなかった。そのため再び大連実業に戻って東京遠征に参加している。そして翌二八年に明大に入学し、すぐさまレギュラーに抜てきされた。いまの厳しい選手資格から見ると、中学、実業団を行ったり来たりしながらよく大学へ入学できたものだし、すぐリーグ戦に出場できたものだ。よき時代の話である。

2番、ショートで明法戦にデビューし、ヒットを打って初盗塁、そしてホームイン。初陣からチームの一大戦力となった。

打者としては高目の球が好きで、頭付近の高さの球をとび上がって打って、テキサスヒットにする特技があった。その上に走塁のカンがすばらしく、走力があった。彼が一塁に出ると、「ワァーン!」とスタンドに歓声が上がる。名優の登場である。そこで彼はどっかとベース上におしりを落とし、両足を投手に向けて、思い切り突き出し、カチンカチンとスパイクをぶっつけ合って、泥を落とす仕草を。ゆっくり立ち上がってリードをとる。スタンドから「ゴーゴー」の歓声がわく。そして走る。二塁ベース上でも両足を突き出して、カチン、カチン。それで三盗を成功させるのだから、相手にとってこんな嫌らしい存在はないわけだ。

3シーズン連続盗塁王。1試合5盗塁の韋駄天ぶり。しかも味方がピンチになると、ノコノコとショートから出てきて、5、6球の投球練習で、見事打者をうちとり、またノコノコとショートへ戻る。これを一試合で二度もくり返したこともある。

彼の球は大して球威はなかったが、クソ度胸と独特のカンで打者を幻惑してしまう。にやりと笑う不敵な面構えは、味方にとってまことに痛快、敵にとっては憎たらしい限りであった。

色はむしろ青白い感じの、苦味走った玄人好みの好男子で女性にもモテた。身長167㌢と小柄であったが、不思議な魅力と雰囲気を持っていた。

卒業後藤倉電線に入り、都市対抗で活躍。一九三五年巨人入りして第1回のアメリカ遠征に参加、105試合で110盗塁の韋駄天ぶりを見せ、アメリカ人をビックリさせた。一九三六年第2回渡米遠征では巨人の主将、帰国後、選手の幹部への不満を代弁して上層部と衝突、決然と巨人にわかれ、再び大連へ渡った。都市対抗で勇姿を見せたが、一九四五年、沖縄で戦死した。

たった一人の〝完全男〟

七十年以上の長い球史を誇る東京六大学野球リーグ戦でパーフェクト・ゲームはたったの一回だけ。唯一の快挙をやってのけたのが慶応・渡辺泰輔投手だ。

一九六四（昭和三十九）年春の慶立2回戦。前日につづいて連投の渡辺は立ち上がりから快調にとばす。ストレートがよく伸び、カーブの切れも鋭く、得意のパームボールが低目のいいコースにきまっていた。記者席で見ていた私は「きょうの渡辺の調子なら（完全試合を）やるかもしれない」と思ったほどのすばらしい投球内容だった。

後半に入るとネット裏もざわめき出す。渡辺本人も、

「五回から意識した。そして七回が一番緊張した。相手の打順が上位だったし、いやなバッターの土井君（正三、元巨人コーチ）がいたから……」

それまで打たせてうちとるピッチングだったが、六回ごろから力で抑えるピッチングに切り替え、力強いストレートでグイグイと押していく。八回痛烈な二塁ライナーを浴びたが江藤省三（元巨人）のグラブにすっぽり。日焼けした渡辺の顔から白い歯がこぼれる。いよいよ九回だ。「意識するな」といっても無理な場面。これまで何人の投手がこの土壇場で大記録を逸したことか。渡辺は真っ向から勝負に出た。三振、左邪飛。あと一人。

第1球はカーブでストライク。第2球を高目にはずし、第3球は真ん中の速球。打者神谷恒雄は力いっぱいスイングしたが、かすりもしない。カウント2―1。渡辺の赤ら顔がますます充血、そして4球目。全力を振りしぼって投げおろした。低目の速球、バットは空を切った。三振だ。空前の完全試合がついになしとげられたのだ。

渡辺の成績は内野ゴロ11、内野飛球3、外野飛球4、邪飛球2、三振7。投球内容はストライク12、空振り8、ファウル18、ボール24、打球20の82球だった。

渡辺は福岡県の直方二中から慶応高へ。高校時代から〝剛腕投手〟として鳴らし、一九六〇年春のセンバツに出場した。甲子園でも注目度ナンバーワン。順当にベスト8まで進んだが秋田商・今川敬三（早大―元秋田商監督）の軟投にかわされ、それまで快調だった打線が沈黙、渡辺の力投も空しく延長11回決勝打されて、散った。

当時神奈川は柴田勲（元巨人）の〝怪物チーム〟法政二高の全盛時代。その強力打線に渡辺が仁王のように立ちはだかる。法政二は渡辺の剛速球を打ち込むために徹底したライトヒッティン

渡辺泰輔　'64. 5. 17完全試合成る（最後の打者、立大神谷をうちとる寸前）。

完全試合直後のインタビューに答える渡辺投手。左は当時、毎日新聞記者だった筆者。

グなど全力を注ぐ。両校の対決は数々の名勝負を生み、このライバルの死闘が神奈川勢のレベルを押し上げた。

　渡辺は慶応で三度優勝投手となる。六三年春は慶大10勝中の9勝をあげ、そのうち6試合を完封した。秋の早慶1回戦では四回遊ゴロ失の走者を許したものの三ゴロ併殺、八回までノーヒットだった。ここで右前テキサスヒットされたが、遊ゴロ併殺で無残塁。これは早慶戦史上初めてのことだった。

　翌日も早大を6安打で完封、このときは六回まで〝完全ペース〟だったが、七回遊撃右へ内野安打され、またもや大記録が吹っ飛んだ。

　このように渡辺はもう一歩というところで快記録を逸してきたが、三度目の正直でやってのけたのだ。

この完全試合での傑作は二塁手の江藤省三が全く知らなかったことだ。勝った瞬間ナインが一目散にマウンドへかけつけ、渡辺に抱きついた。そしてベンチに帰り松方正範遊撃手らが「ナベやったなあ!」と叫ぶ。そのとき「なにをやったの?」と一人だけ場違いの男がいたのだ。それが江藤。完全試合と聞いて、江藤の顔から血の気が引いた。みんな記録を意識して硬くなっていたのに、江藤だけは道理でノビノビとプレーしていた。八回のセカンドライナーを軽くさばいたのも知らなかったからこそできたといえる。

大記録を樹立すると、どうもあとが悪いというジンクスがある。8勝1敗、4勝点で早慶戦に臨み、優勝は間違いなしと思われたのに7勝2敗、3勝点の早大に連敗して優勝をさらわれてしまったのだ。

しかも秋のシーズンでは脚を負傷して前半登板することができなかった。佐藤元彦投手が代わって力投して責任を果たしてくれたのと、渡辺もリーグ戦中盤から回復、最後の早大戦には渡辺が1回戦、佐藤元が2回戦にシャットアウトする快投で連勝し、3シーズンぶりの優勝をなしとげた。

結局渡辺はリーグ戦で45試合に登板、25完投して29勝9敗、防御率1・33のすばらしい成績を残した。脚のケガがなければ楽に〝30勝投手〟の仲間入りをしていただけに、29勝とあと〝1勝〟足りなかったのは残念だったろう。

卒業後南海ホークスに入団、翌六六年の対巨人日本シリーズでは大活躍して敢闘賞を獲得している。第1戦渡辺は立ち上がりKOされた。だが翌日には奮起して力投、巨人を6安打の2点に抑えたのである。1イニングももたずに降板した投手が次のゲームでつづけて先発し、しかも完投勝利を飾ったのはいかにも渡辺らしい。こんな例はおそらくあるまい。南海では実働八年、221試合、54勝58敗だった。

Column

ソデの下の打球取り出せず失策

昭和十二年春の慶法1回戦の二回裏、法大・武井潔の放ったゴロが、慶大の三塁手宮崎要のソデにスッポリと入ってしまった。宮崎は急いで取り出そうとしたが、焦れば焦るほど出てこない。武井は一塁に生き、宮崎三塁手に〝失策〟が記録された。当時のユニホームのソデは手首近くまであって、また広がっていたためで、今のようなユニホームではこんなシーンはまずお目にはかかれない。宮崎はその後二塁手に回り、宇野光男（元国鉄監督）らと〝百万ドル内野陣〟を形成。戦後は西鉄のプレーイングマネジャーで都市対抗優勝、プロ野球西鉄の初代監督となった。また長男の東芝・宮崎剛二塁手は昭和五十八年の都市対抗でMVPに輝き、親子二代〝橋戸賞〟受賞と話題になった。

全試合、全イニング出場

巨人で活躍中の高橋由伸外野手は慶応在学中一年生の春から主力となり、四年生の秋まで全試合に、全イニングに出場した。これは大変な記録である。

長嶋茂雄（巨人監督）も立大に入学して、その春のシーズンの初戦から出場しているが、初出場は試合途中から。スタメン出場は6試合目から。どちらかといえば途中から出場の方が多かった。一年生のときは春、秋とも規定打数に達していない準レギュラー。

六大学の通算安打で最高の127安打を記録している高田繁（巨人二軍監督）にしても入学3試合目の代打で遊撃内野安打。つぎのゲームからトップバッターに抜てきされた。

入学早々、リーグ戦に出場のチャンスを与えられることもなかなかむずかしいが、高橋はKEIOのユニホームを着た直後の一九九四（平成六）年春の開幕戦から堂々のレギュラー、しかも

5番、三塁手のデビューだったから全くすごい。

高橋とともに全試合、全イニングに出場の大記録を残しているのが慶大の堀場秀孝捕手である。堀場は江川卓（元巨人）とともに一九七四（昭和四十九）年に慶応を受験して失敗、江川は進路を変更して法大に進学したが、堀場は初志貫徹、一年間の浪人生活の末に再び慶大に挑戦、念願のユニホームを着たのだ。

堀場のこの意志の強さと根性が報われたのか、そのデビューは衝撃的であった。

正捕手の平野仁（日本石油）がリーグ戦直前に右足を骨折、その代役で入学直後の開幕戦、明大1回戦に早くもマスクをかぶる。そして好投手、丸山清からいきなり左前安打を放った。つづいて右前安打、右中間安打、右前安打といやはや4打数、4安打の〝猛打賞〟にはベンチもスタンドもびっくり。こんなにいきなり打ちまくったルーキーはいままで見たことがない。リーグ史上でも初めてのことだった。

一浪のブランクがあり、ロクに練習もしていないのによく打ったものである。

このシーズンはこの試合だけで、後のゲームではあまり活躍できず尻つぼみに終わったのは無理もない。

しかし二年生の春には3割4分7厘を打ってベストテン5位と本領を発揮、以後卒業するまで6シーズン3割台をマーク、連続ベストテンの常連となったのは立派。

とくに最上級の七八（昭和五十三）年春は4割4分で第2位、秋は3割9分6厘で4位だった。

春は早慶戦前まで38打数、19安打の5割。首位打者を狙う絶好のチャンスだった。しかもこのとき"百代目"の記念すべき首位打者だったが、早大の金森永時（ヤクルトコーチ）とのはげしい争いの末、僅差で金森に譲った。

一年生からの慶応の全試合、全イニングにフル出場、125安打と六大学史上2位の通算安打を残したのに、首位打者の栄冠を一度も手にしなかったのは全く残念であったろう。

しかし江川から本塁打を打ったり、日米大学野球では三年連続全日本メンバーに選ばれて出場。首位打者になったり、アメリカの大学選手も舌を巻く超特大ホームランをぶっ放すなど、当時の大学球界を代表するスラッガーだった。

劇的男、仁志敏久

巨人のルーキーが開幕戦から出場するというのは大変なことである。黄金ルーキーといわれた高橋由伸もその実力派の一人だが、その前に開幕猛打ショーで強烈デビューしたのが仁志敏久内野手だ。巨人の新人野手では原辰徳選手以来十五年ぶりだったが、開幕スタメンに抜てきされたばかりか初打席、初安打を皮切りに3安打と爆発した。翌日は闘志が空回りしてノーヒットで途中交代させられると、ベンチ裏でバットを叩きつけるなどの大荒れ。だがその日も三塁から本塁突入、猛烈なスライディングでファンをうならせた。優等生ぞろいの巨人の中で感情を表に出す数少ない選手。チームに根付いた「お嬢さん体質」を一掃できるだけの闘志を内にみなぎらせている。

ここぞというときにボールにくらいついていく執念、集中力など、仁志のガッツプレーが元木ら同世代の選手を引っ張っており、チーム内の存在感も抜群のものがある。

思えば仁志は大舞台で実力を発揮してきた。常総学院の一年生の夏、甲子園で大活躍して準優勝。22打数8安打、3打点でホームランも打つ。その相手は尽誠学園の伊良部秀輝（ヤンキース）、中京・木村龍治（巨人）、沖縄水産・上原晃（元中日）とすごい投手ばかり。決勝では野村弘樹（横浜）、橋本清（巨人）、立浪和義（中日）、片岡篤史（日本ハム）をそろえ、この年春、夏連覇したＰＬ学園に敗れたが、一年生とは思えないプレーぶりに驚かされた。その勝負強さを買われて、決勝では3番に抜てきされて、2安打と期待に応えた。そして夏の選手権には三年連続出場したのだ。

早大に進んでからもすごい。とくに忘れられないのが一九九三（平成五）年春、四年生時の早慶戦だ。その大舞台で連日の決勝弾を放ったのだ。

1回戦の二回左翼線二塁打を放って先制点のきっかけをつくったばかりか、六回中越え2ランで勝ち越す殊勲。4打数、4安打の2打点だった。

2回戦も仁志はすさまじい執念をみせた。逆転された五回に3試合連続の本塁打をバックスクリーン左へ運び同点。そして九回裏二死満塁の最高の場面で打席に立った。

「チャンスが広がっていくのを見ていたら、自分がヒーローになる場面が浮かんできたのです」

仁志は慶応・西田知之投手のフォークを頭に描いた通り、劇的にはじき返した。打球は早大の勝利を乗せて、左中間スタンド中段に突きささる劇的な早慶戦史上初のサヨナラ満塁アーチとなったのだ。

「絶好の舞台で最高の仕事ができました。シンに当てることだけを考えましたけど、打つ自信はありました」

仁志は早大在学中79試合に出場、280打数、91安打の3割2分5厘の打率、ホームランは11本打った。200打数以上の打者では早大史上で第6位の打率、通算本塁打では第8位。

なお六大学リーグで満塁サヨナラホーマーは4人目。第1号は一九三五（昭和十）年春、法大・原口四郎が対慶大1回戦の十回に打つ。2番目はその翌年春、法大・森谷良平が対東大1回戦の九回、第3号は平成元年春、慶大・大森剛が対明大1回戦の十回に打っている。

ルーキー仲沢伸一

堀場（慶大）のデビューは衝撃的だったが同じく入学早々からレギュラーになり、ルーキーとしてその年堀場以上に活躍した後輩がいる。一九八二（昭和五十七）年に慶大に入学した仲沢伸一選手だ。

そのデビューぶりは花々しかった。開幕の立大1回戦、入学してすぐさま二塁手で7番。六大学を代表する左腕野口裕美をまるで問題にせず、いきなりレフト線へ二塁打、つづく第2打席も左中間へ連続の二塁打したのだからすごい。そして二塁内野安打の4打数、3安打の〝猛打賞〟。恐るべき新人の出現にネット裏は沸いた。第2戦も左中間へ二塁打。

慶大法学部が推薦入学制度を取り入れたのは仲沢が入る二年前、一期生が上田和明内野手（元巨人）。そして二期生の仲沢が上田以上の大活躍で、レギュラー二塁手に定着した。

5位に低迷していたチームの中で、ひとり気を吐いた格好の仲沢はこの春43打数、12安打の・279の最終打率。10傑にもうひと息の14位は一年生としては立派なものだった。

ルーキーの大活躍の背景には推薦制度の〝恩恵〟もあった。「春からすぐ出られるように準備せよ」の〝指令〟を受け、桐蔭高校のグラウンドで後輩の練習を手伝いながら、自らも練習し、体調の維持に努めた。そして、三月初めのキャンプにも合流、ひと足早く〝慶応の人〟となった。これが開幕ダッシュにつながった。

だがこの〝特権〟を享受するためには前提条件がある。慶応の推薦の基準は毎年、慶大にある程度の合格者を出す高校（百校）で、平均4（5点満点）以上の学力があり、クラブ活動でも秀でた成績が必要。仲沢は小さいころから勉強の虫で学業の方も十分クリアしていたのだ。

仲沢は中学時代から横浜では有名選手。横浜高などの強豪チームの勧誘をふり切って東京六大学に入りやすい桐蔭学園へ。一年生の秋にはもうサードで4番打者だった。二年の夏には決勝まで進み、横浜高に惜敗。甲子園には行けなかったがあの愛甲猛（中日）からヒットを打っている。そういった自信をひっさげて慶応に入学した。

それにしても新人でこれほど活躍した人も珍しい。しかも二塁手としてはノーエラーの好守だった。秋は一塁手にまわり、ホームラン3本と11打点で打撃部門ではリーグトップ。打率・333で2位、首位打者を広岡資生に譲り、惜しくも〝三冠王〟をのがしたが、ルーキー一年目としては超人的な活躍ぶりだった。

「一年生の秋の早慶3回戦で、木暮洋投手から初回にレフトへ3ランホーマーしたのが在学中のホームランの中でも一番印象に残っている」

という。

二年生となった春から4番を打ち、文字通り、慶応の主砲となり、在学中11本塁打を記録した。すばらしかったのが最後の秋の明大2回戦。六回反撃の左翼2ランでノロシをあげ、延長にもつれ込んだ十回、一死一塁で鈴木浩の初球を豪快なスイングでとらえた。左翼手が一歩も動けなかったほどの会心のあたりは、26シーズンぶりの優勝を決める劇的なサヨナラホーマーとなってレフトスタンド中段に消えた。

そして最後の早慶戦に二八（昭和三）年以来五十七年ぶり、チーム2度目の全勝優勝をかけた。その早大1回戦の二回、先頭打者の仲沢は左越え本塁打、さらに二死満塁からこの回2度目の打席に入り、中前に2点タイムリー、イニング5塁打のタイ記録をつくっている。そして嬉しい全勝優勝をなしとげたのだ。

リーグ戦の後の神宮大会でも仲沢は打ちまくって優勝の原動力となっている。決勝の愛知工大戦、いま西武にいる西崎幸広投手を攻略したゲームであるが、この九回には前田祐吉監督が仲沢に「本塁打を狙え」の指示、これにこたえた初球の一打は一直線にレフト中段へ突き刺さる豪快なアーチとなった。学生野球最後の打席でしかも「狙え」といわれて打ったものだけに、仲沢にとっても忘れられない一打となったようだ。

’85年秋、明大２回戦延長10回サヨナラ2ランを放った仲沢にナインの手荒い祝福。

このように主力打者として四年間大活躍した仲沢だけに、後輩の高橋と同様、全試合、全イニング出場したと思っていた。ところが本人に聞いてみると、三年生の秋の東大1回戦に走者と一塁ベース上で接触して左腕をねんざしてそのあとの明大戦の2試合を欠場したという。このときスタンドで観戦、桐蔭時代のチームメートであった田代曲敬投手、善波達也捕手が明大のバッテリーで活躍、同じく桐蔭OBの遠藤靖二塁手がその田代からホームラン。かつての球友たちのプレーをみて、くやしい思いをしたという。

関白さんのこと

〝関白さん〟と親しまれた元早大監督の石井藤吉郎さんが平成十一年の六月三十日、七十五歳で亡くなった。アマチュア野球界に残した功績は大きく、またその人柄で多くの人を引きつけた。亡くなる二年前に石井さんは野球殿堂入り。その直後に石井さんが経営する大洗のホテルで会合があり、石井さんに「おめでとうございます」とお祝いの言葉をかけた。

ホテルのすぐ下が波打ちぎわ。太平洋の荒波がザッブーン、ザッブーン。これだけで気持ちが広くなるが、こんなところで育ち、生活しているのだから石井さんは人間的にもスケールが大きい。石井さんに触れた人はみんなファンになってしまう。そんな石井さんと話しているうちに若いころのことを思い出した。

初めて会ったのが、あの学徒出陣の早慶戦。ともに新人でベンチの隅っこに座っていたが、水戸商時代から左腕の速球投手として鳴らし、甲子園でも活躍した石井投手は〝将来の大器〟として注目を集めていた。応召で戦地へ。戦後はシベリアで抑留生活を送った。

六大学リーグは復活したが、一九四七（昭和二十二）年秋、早大は主力がゴッソリ抜けて史上初の最下位となる。そのころ、「関白さんが戻ってくる」の朗報。〝関白さん〟とは藤吉郎という名前をもじった石井さんの綽名だった。

ゲッソリやせて復員した石井さんは翌四八年春から早大のレフトで4番を打ち、たまには投手もやった。その健棒が加わって戦力強化した早大は勝ち進み、最下位から一躍優勝の離れ技。四九年春、五〇年春、秋と優勝して早大の黄金時代を築いた。

石井さんの投、打がチーム力を倍加させたわけであるが、「プロで一度やらせたかった」と当時の関係者の誰もがいったほどバッティングのセンスがすばらしく、また実によく打った。四八年から6シーズンのうち5シーズンに3割台をマーク、333打数、114安打の通算打率・342。これは六大学史上8位の数字である。

卒業後、大昭和製紙で強打をふるって都市対抗で優勝した。その時代に面白い話が残っている。春の大会で大昭和は当時横綱チームの全藤倉と対戦、この好カードに後楽園球場は超満員。このゲームの四回に大昭和の朝比奈三郎が二人の走者をおいてライトへ本塁打した。このとき塁上にいたのが石井さんと早大OBの浅井礼三さん。浅井選手は早大時代から〝突貫小僧〟といわれたほどのファイター。リードを奪う〝3ラン〟に大喜びでピョンピョンはねるように塁上を元気よく駆け抜け、前の走者石井さんと三塁ベース付近で握手しようとした。ふり返る石井さんとその瞬間二人の位置がスルリと入れかわってしまったのだ。浅井選手の〝追い越し事件〟がこうして起こった。藤倉側のアピールがあり、結局、追い越した浅井選手がアウト。得点は2点で試合を再開することでケリがついた。このあとこのゲームは3―3の日没引分け。翌日の再試合で大昭和が負けた。

〝突貫小僧〟といわれたファイト満々の浅井さんと大らかな石井さんと全く対照的な二人の役者が揃った〝春の珍事〟だった。

こせこせしない性格で、いつも明るくユーモラス。周囲には笑いが絶えたことがない。早大監督になったとき、選手たちに自分の好きなポジションを守らせて、その適性を見抜くなど、飄々としながら細心な神経の持ち主だった。斗酒なお辞さぬ酒豪、マージャン卓を囲み、しゃれたジョークを連発した。堅さのないところが人に好かれるゆえんである。

早大―大昭和で力投した元ヤクルトで小柄ながらキレのよいクセ球を操った安田猛（ヤクルト編成担当）のプロ入りのときも、

「だれに相談しても、お前じゃ通用しない。〝やれる、いけ〟といってくれたのはオヤジさんだけでした」

と安田がいうように選手の力量を見る目は鋭かった。

選手を育て多くの人をプロ球界に送り出している。それでいて、金銭が絡む入団契約交渉の場には、決して顔を見せなかった。そして選手からのお礼もいっさい受け取らなかった。プロも一線を画し、けじめをつけていた。

私の弟、禎三は石井さんの在学中の早大野球部マネジャー。亡くなる二週間前に大洗を訪ねている。その日は元中日の谷沢健一さんも見舞いに来たが、そのとき野球部のことを心配し、「野村監督のことをよろしく頼む」と弟に告げた。そして第1回日米大学野球選手権（昭和四十九年）のとき、二塁ベース上で送球を頭部に受けて亡くなった早大・東門明内野手のことをくり返し語っていたという。当時の早大監督だった石井さんは全日本チームの監督もつとめ、東門の死についてはかなり責任を感じていたようだ。毎年命日には茅ヶ崎の東門選手の墓参りを欠かさなかった。

亡くなってから一年経った平成十二年六月十八日。早大・大隈講堂近くのホテルで「石井藤吉郎氏を語る会」が行われた。早大時代のチームメート、教え子たちのほとんどが集まり、いかにも関白さんらしい大らかな珍談、裏話が紹介された。王貞治を育てた荒川博元巨人コーチから、

「石井さんがバットの素振りをやっているのを見たことがない」

と証言。あまり練習をしないで、試合になるとポカスカ打ってしまう石井さん。

「やはり天才的プレイヤーだった」

というのが集まった人、みんなの結論だった。

降板指令拒否、藤田元司投手

藤田元司巨人元監督の慶応時代の思い出を一つ。

藤田は一年生の秋からリーグ戦に登板、三年生の春は一番好調でとくに秋は優勝の最短距離に立ったが、優勝をかけた早慶戦で4―5の惜敗。最後の年は孤軍奮闘し、この一年の24試合中、23ゲームに登板している。そして13勝した。だが早慶戦はいずれも3回戦で涙をのんだ。

こんなところから「悲運のエース」といわれた。とくに春は九回裏二死で三振に打ちとったのに、低めに鋭く落ちた球がワンバウンドして振逃げとなり、そのあと押し出しの四球を与えてサヨナラ負け。そして3回戦は延長十二回、エラーから惜敗。秋も三日連投したが、十一回、森徹(元中日)に決勝ホーマーを浴びた。

このときの2回戦。3―1とリードされていた四回一死一、三塁のピンチを迎えたとき、阪井

盛一監督がマウンドへ来て交代を命じた。だがこれが最後のマウンドという気持ちが強かった藤田は、

「監督さん、投げさせて下さい」

と続投を訴えた。マウンドには佐々木信也主将らが集っていたが、二年下の永野元玄捕手が、

「監督さん、四年生の藤田さんはこれが最後のマウンドになるかもしれない。投げさせてあげて下さい」

と涙を流しながら強く頼んだ。このような状況で下級生が上級生のために監督にきつく申し入れるのは異例のことであったが、とにかく阪井監督は降板命令を撤回した。

これが、ゲームの一つのカギになったのだからおもしろい。藤田は自分を盛り立ててくれたナインの期待に応えようと、これ以後は見違えるように立ち直って力投した。そして永野の三塁打などで逆転した。

藤田は慶応在学中の大阪遠征のとき、子犬を拾い、東京まで隠して連れ帰り、合宿で育てていた。それで「ポチ」というあだながついた。そういう優しい面もあるが、高校生のころはかなりのワルだったらしい。喧嘩で一晩留置場に入れられたという。「球界の紳士」とまでいわれた藤田にそんな武勇伝があろうとは……。

慶応のときはかなり遠慮していたようで、おそらく、そのとき「紳士」へ変身したのであろう。そういえば佐々木ら良いチームメートがいたからなあ……。

高橋、涙の一発

高橋由伸の23本塁打のすべてを私はこの目で見たが、その中でも忘れられない一打がある。彼が悩み苦しんだ末、意地で打った〝涙の一発〟だったからだ。

高橋の六大学時代は挑戦につぐ挑戦のシーズンだった。とくに最上級生となったとき、大記録への挑戦と同時に主将としての重責が大きくのしかかり、大きなカベにぶつかった。

打って当たり前という周囲の目、日増しに高まる記録更新への期待、そういった目に見えない重圧がその打撃を微妙に狂わせたことがある。

春の第3週の明大戦に川上憲伸投手からホームランを奪ったもののそのあと鋭いフォークできっちり借りを返されてから、つづく東大戦にかけて22打席ホームランなし、13打席ノーヒットというスランプに見舞われた。

しかも明大3回戦で右足首を捻るアクシデントがあり、その後数試合は痛み止めを服んでの出場、連日焦る気持ちを抑え、夜遅くまでバットを振りつづけた。

その東大2回戦。序盤の大きなリードで試合はほぼ決まっていたが、凡退をくり返す高橋にチームメートは「由伸に一打席でも多く打たせてやりたい」と粘りに粘って打線をつないだ。とくにトップバッターの根岸弘（三菱水島）と、打率は低かったが鋭い選球眼で四球をよく選ぶ出塁率の高い2番・片岡信人（日本製紙）には「当たってでも塁に出てやる」という必死さが感じられた。

そして九回二死から回ってきた第6打席に高橋は結果を出したのだ。1―2からの4球目をフルスイング、打球は鋭いライナーでライトスタンド中段に突き刺さった。「みんなが回してくれた」チャンス、自身にもチームにとっても待望の一発だった。

二十一度目のダイヤモンドを一周してホームを踏みしめたとき、高橋の目から熱い涙が落ちた。右手で鼻をつまみ、ベンチ裏へ直行。再びナインの前に現れた高橋はサングラスでその涙を隠したのだ。

「ああ、やっと出たなあって……。ボクだけヒットがなかったし、いろいろ思うところがあって自然とこみ上げるものが……」

初めて神宮で見せた涙。その理由については口ごもっていたが、〝記録の呪縛《じゅばく》〟から解かれた苦悩のスラッガーの気持ちは痛いほどわかる。チームメートへの感謝、記録の重圧から解かれた安堵感、そんな涙だった。

最終打席へ向かう高橋は後藤監督から「思い切りが悪いぞ」と声をかけられ、心の中の何かが吹っ切れた。

「バットの届くボールは何でも打ってやろう。もう、どうにでもなれ」

これが21号の涙のアーチとなった。

その三日前まで全日本の合宿に参加、その疲れもあったのだろう。前日は屈辱の4打数、ノーヒット。チームも東大に大苦戦し、その責任を一人で背負いこんだ高橋は前夜、午前零時過ぎまでバットを振った。試合前の練習でも珍しくロングティー。悩み苦しんだ末、意地で放った涙の一撃だった。

この日は母の日。スタンドに幸子さんも応援に来ていて、

「あの子のあんな姿は初めて見ました。いままで見た21本の中で一番うれしいホームランです」

そういって母の目にも涙が浮かんでいた。


この〝涙の一打〟で吹っ切れた高橋は優勝のかかった早慶2回戦で22号を放ち田淵幸一（法大―現野球評論家）の持つ通算最多本塁打のリーグ記録に肩を並べ、慶大を9シーズンぶり28回目の優勝へと導いたのだ。

2点リードされていた五回、先頭の片岡が四球で出塁。早大の左腕近藤智也の投じた初球、真

ん中高目の絶好球を高橋はフルスイング。打球はライトスタンドへ一直線に吸い込まれた。最終戦で飛び出した通算本塁打22号、田淵の持つ偉大な記録に29年ぶりに並び、そしてチームを優勝へ導く大きな同点弾。価値ある一発に高橋は両手を何度も突き上げた。

「どうにかして1点を取ろう。それだけだった。いい感じで球が見えていた」

ゲームを振り出しに戻した高橋の一発で慶大は勢いを増して六回に決勝点。リリーフの林卓史が力投してそのリードを守り切ったのだ。

高橋は優勝のかかった大一番を迎え、

「記録よりもチームの勝利を。本塁打よりヒットを」

と自分自身を徹底させ、この早慶戦からバットの握りを指一本分短くした。チームプレーに徹した打球はそれを象徴するようにヒットの延長、ライナーでスタンドに飛び込んだ。

この日もネット裏に両親と二人の兄が見守った。父・重衛さんはこの日（六月一日）が五十八歳の誕生日だった。21号は五月十一日の母の日に記録していた。

「知ってましたよ」と照れ笑いする息子に、父は「一生忘れることはできないでしょう。最高のプレゼントになりました」と優勝との二重の贈り物に目を細めた。

〝母の日21号〟に続き〝父の誕生日に22号〟孝行息子はすごいことをやってのける。

プロ入り前に太鼓判

巨人の高橋由伸選手はプロ野球三年目の平成十二年に〝一億円プレーヤー〟になった。六千五百万円増の年俸一億円でサイン。野茂（近鉄—当時）、古田（ヤクルト）の四年目を抜いて、プロ野球界最速のスピード記録を打ちたてた。打率・315、98打点、34本塁打。打率、打点のチーム二冠で野手NO・1の評価を得たのだ。前年新人王争いで敗れたライバル・川上憲伸（中日）の五千五百万円も一気に抜き去った。

順調にスター街道を歩む高橋、彼ならこのくらいのこと、いや首位打者とか打点王とかのタイトルの一つや二つはとるだろうと期待はしていたが……。

高橋が慶応の最上級生の秋は六大学のホームラン王がどこの球団に入るかと大騒ぎだったが、そんなとき慶応のOBたちの中では「大森剛の例もあり、巨人よりノビノビとプレーしている高木大成のように西武へ行った方が……」

という声が多かった。巨人入りが決まると、

「巨人は選手層が厚いので、果たしてレギュラーになれるのか?」

と心配する人もいた。そんなとき(平成九年の暮)、私はある新聞のコラムでこんなことを書いた。

長嶋監督が「20年に一人の素材」とほれ込む黄金ルーキー、高橋由伸。果たしてプロでどのぐらいやれるのか――

どこへ行っても私は会う人、会う人に聞かれる。私は彼が桐蔭学園に入ったときから注目してきた。とくに慶応に入学してからは全試合を見ている。彼は一年生の春から主力となり、四年生の秋まで全試合、全イニングに出場した。これは大変な記録で六大学史上でも数人しかいない。その全打席、もちろん通算23本塁打のすべてをこの目で見た。そこで彼がいかにすばらしい選手であるかを紹介しよう。

オリックスのイチローが子供のときから父親の特訓を受けた話は有名。高橋の抜群の野球センスも巨人の星を地で行くような父・重衛さんの影響が大きい。幼少時代から父の特訓を受け、毎日のように父とバッティングセンターに通った。普通のバットより3倍長い竹の棒を振り体の回転を身につけた。

中学に進み、ポニー・リーグの「千葉ジャガース」に入ると、すぐさまエースで4番。「千葉に高橋あり」と評判になる。中学三年のときポニーの全国大会で優勝した。

そして全国の強豪校から勧誘され、その中から桐蔭学園を選んだ。高校時代30本塁打、そして一、二年の夏の甲子園に出場。一年生で3番、高木大成が主将でトップ。ヤクルトの副島孔太が4番だった。高橋は第一戦の初回に先取点をあげる中前打したのをはじめ14打数、6安打。一年生とは思えない好打ぶりに驚いた。私は当時の夕刊紙のコラムに、

「ボールをとらえるセンスは抜群。軸がぶれないし、内角を攻められ、多少差し込まれても鋭いスイングで振り抜くテクニックをすでに身につけており、そのスイング、センスはすばらしい」

と書いている。甲子園で派手に目立った高木よりも素材では上だと思った。

慶応に入って攻、守、走とも大きく成長、119安打を放って通算打率3割2分5厘。

一本足打法からボールを十分に引きつけ、抜群のヘッドスピードからボールのしんを振り抜く。柔軟性を感じさせるフォームだ。プロでそのまま通用するほど甘くはないので、もちろん高橋自身の努力、工夫が必要であるが、それに対応する積極さ、器用さを持っているようだ。ホームランバッターより、パワーを兼ね備えたアベレージヒッターを目指すべきだ。

守りもうまく、とくに強肩が光る。低い弾道のストライク返球が専売特許だ。しかも俊足で、盗塁の成功率が高く、大学でも三年以降失敗なし。

イチローや松井秀喜のように打つだけではなく、守って走れる。ただ打つだけではスーパース

ターと呼べない時代、高橋はこの条件を非常に高いレベルで満たしているのだ。将来イチローと並ぶ選手、いや超える可能性を秘めている。そんな期待まで抱かせてくれる男である。高橋はかならずやる！

Column

泣くに泣けぬ〝幻のホームラン〟

史上初の〝幻のホームラン〟は昭和六十一年春の法立3回戦、1―1の同点で迎えた八回表。一死一塁の場面で起こった。代打の法大中根仁（横浜）が左翼へホームラン。ところが、一、二塁間で打球の行方を見ていた一塁走者金子誠一（阪神）を追い越してアウト。記録は単打と1打点。しかし、この1点が決勝点となった。

これに似たのが昭和四十九年秋の早慶1回戦にあった。六回、慶大・斎藤達哉（日本石油）が一死一、二塁で左翼頭上を越す長打を放った。スタンドに入る本塁打と思われたが、フェンスの一番上にぶつかったのか、打球はグラウンドにはね返ってインプレー。しかも、打球を見ていた一塁走者を斎藤が追い越したためにアウトになって、1点が入っただけ。左翼手前川善裕が「あれは完全に本塁打」とあとで証言。〝スタンド入り〟と判定されても3ランが吹っ飛び〝幻のホームラン〟になっていた。

第2部　ドラマチック神宮球場

幻のボールの行方

秘話を一つ。これは新聞にも出なかった話、――

いま慶応野球部のOBの団体、三田倶楽部の理事長をやっている梅沢喜久也君、この人は昭和三十六年～四十二年の六年間、六大学リーグの審判員をやっていた。同君が審判をやっていたとき起きた事件である。

昭和三十九年九月十九日、早立1回戦は4―2で早大が勝った。早大の江尻亮投手（ロッテ編成部長）が無失点記録を更新中で、この日も好調、重い速球で立大を抑えていた。5回一死後立大の渡辺尚が右中間に大飛球を打ちあげた。早大の直江輝昭右翼手が懸命に背走、そしてフェンスに激突した。いまのようにラバーをはっていない。コンクリートのフェンスだからたまらない。倒れて動かなかった。

その間渡辺は二塁から三塁をけって、結局ランニングホームランになってしまった。直江はグラウンド内に呼び込まれた救急車で近くの慶応病院に運ばれた。翌日開腹手術、十二指腸穿孔性腹膜炎で二ヵ月の重症だった。

直江のその後の話は後で書くとして、問題はこの打球の行方であった。ここからは当事者の梅沢君の証言。

——直江が異様な音をたてて転倒、一瞬私はボールを見失ったが、直江の右側15メートル横のフェンスの前で見つけた。早大の野手たちが近くまできていたが直江の状況にただ呆然！　石山健一二塁手は「タイム、タイム」を連呼していた。直江が運ばれる最中、主審の平光清（元セ・リーグ審判員）君が、

「ボールは外野席にワンバウンドで入ったとネット裏の役員席、記者席で言っているが、梅沢さん、どうでしょうか」

という。私は一瞬打球を見失ったが、打球は直江の頭を越し、ワンバウンドか直接フェンスに当たり、近寄った直江の身体に当たったと判断していたので、前述のボールの位置を示し、説明した。しかしボールは誰かに持ち去られてなかった、平光君は納得、「それで押して下さい」と念を押した。

直江の退場後、ゲームは再開。江尻がプレートに立ったとき、早大・石井藤吉郎*監督が私のところへ来て「打球はワンバウンドでスタンドに入ったんだから三塁打ではないか」という。先刻

主審に話したとおり、直江の右側にあったと伝えると、石井監督は了承、ゲームは再開された。

ゲーム終了後、連盟関係者は私に「記者団が聞きにきても、直ちに審判控室に入るように」という。どうも主審、石井監督、連盟関係者のいうことが本当なのか？　スタンドに入っていれば、グラウンドに投げ返さなければならないが、出てこなかった。

翌日の早立2回戦のとき、石井監督が審判控室にあらわれ、

「梅さん！　昨日は大変失礼、大失敗したよ。梅さんが渡辺の打球と確認したボールはその直前に一塁側ブルペンで投手練習していた捕手のとりそこねたボールがインフィールドにころがり込んだものだ。タイムをかけ、とりに行くタイミングを逸してしまったんだ」

と説明、頭をかいていた。私の確認したボールは本当の打球ではなかったということだ――。

それにしても本当のボールはどこへ消えてしまったのか。全くわからない。私もこのゲームを当然観戦していたが、打球の行方ははっきりわからなかった。記者席で双眼鏡で見ていた人が「ワンバウンドでスタンド入り」と唱えていたのでこれが本当かもしれない。

この「幻のホームラン」で江尻の無失点記録は46回2/3でストップした。それだけに直江にも江尻にも不運なできごとだった。江尻の無失点記録はいまでも破られていない。

直江は住友金属に入社、住金和歌山のチームで都市対抗大会などで活躍した。

昭和四十三年の夏、和歌山県の紀ノ川の上流、玉川峡で水死した。遊泳にいって、飛び込んだ

とき、水中の大きな岩に頭をぶつけて首の骨を折り、そのまま流されて永久に帰らぬ人となってしまったのだ。

二十五歳の若さであった。

*打球がバウンドしてスタンド入りしたときは二塁打であるが、この当時の神宮球場は広かったので、六大学リーグの特別規則として三塁打となっていた。

カット打ち禁制

六大学リーグの規則委員を十年ばかりやったことがある。いまもアマ野球の規則委員であるので、ルールについて、二つ三つ。

昭和四十七年の夏のこと。高校野球の愛知県予選の決勝、中京―東邦戦で中京のS選手が連続11個のファウルボールを打った。くるボール、くるボールにチョコンとバットを出してファウルにしてしまう。ストライクの球をファウルにして四球で歩こうというのだ。

このS選手だけではない。そのころあちこちの予選で同じようなカット打法の選手があらわれたのだ。とくにひどいのは兵庫県代表となった東洋大姫路のM二塁手。守備と足は定評があるが、バッティングが良くない。そこで監督が考え出したのがカット打法だ。県予選でなんと最高一打席26個もファウルした。4打席とすると、相手の投手はこの選手一人に1試合100球も投げねばならぬ勘定だ。この選手は予選の6試合で22打席に四球10個を選んだのである。

これでは野球の試合にならないので、早速新聞の〝コラム〟でこれをとり上げた。

「ルールではファウルを何本以上打ってはいけないという規定はない。だからカット打法はバント打法とみなす以外にはアウトにはできない。日米大学選手権で日本の選手が2ストライクをとられてから、このカット打法をやったら、米チームの監督、コーチがベンチからとび出して猛烈な抗議をしたことがある。アメリカではこういうのをバント打法とみなしているのだ。昔巨人の千葉茂選手もファウル打ちの名人といわれたが、不得意の球を打ってうまくファウルし、つぎの好球を好打したものだ。しかし姫路の選手の場合は違う。全く〝打つ〟ことを放棄している。これでは野球にならない。甲子園大会ではこういう打法をバントとみなして、きびしい規制をすべきだ」

と書いた。

甲子園大会の第二日目、この東洋大姫路のM選手は二死走者一、二塁で登場、ストライク二つを見逃したあとのファウル。ボールを選んでカウント2―1の次にもうひとつファウル。このとき郷司裕球審が「次も同じような打ち方をすると、スリー・バントとみなす」と注意。打者はカット打法をやめて三振した。

郷司球審は「投手が投球モーションに入ると、打者はバットを手前に下げた。前に打つ意志が全く感じられなかったのでバントと判断した」と説明していた。

ネット裏の読売新聞の中島治康（元巨人監督）さんも「バッターはヒットを打つのが目的。四球を選ぶためにあんなことをするなら、どしどしアウトにすべきですよ」と大変なけんまくであった。高校時代にずるいことをおぼえるのは、よくないことだと、いかにも中島さんらしい見解であった。

その年の十二月のルール委員会で、

「いわゆる〝カット打法〟はそのときの打者の動作（バットをスイングしたか否かなど）によっては、審判員はバントと判定する場合もある」というアマチュア特別規則ができた。

六大学リーグにもこれとよく似たケースがあった。昭和二十八年秋の東立1回戦。五回表東大の脇村春夫はボールカウント2―1となってから、立教鈴木幸治投手の投球に対して粘り出した。打とうとして思いとどまるといった調子で、バットをひょいひょいと軽く出してファウルを打ち始めたのだ。カウント2―3になってからの10球目も同じようにファウルした。そのとき相田暢一球審が〝アウト〟を宣告したのだ。相田球審の説明は「それまで脇村君が4球ファウルにしていたのと、10球目の打ち方とではかなり違っていたからスリー・バント失敗とした。それまでの4球ともコーナーをはずれたボールで、脇村君はうまくバットを当てていた。10球目はまん中のストライク。バットをホームプレートと直角に出して止めてファウルにしたので、形の上ではバントと見る以外はなかった。しかしこういう形だから、バントだとか、バントでないという規定のようなものはつくれない。これはあくまで審判員のジャッジだと思う」

それ以来ファウル打ちの芸当を得意とする人は少なくなったし、四球を選ぶための高校生らしくない、汚い戦法もなくなった。

Column

島岡監督が433勝でトップ

プロ野球の監督で一番勝星の多い人は23年間南海ホークスの監督をやった鶴岡一人。2994試合で1773勝、1140敗81分けの勝率6割9厘。2位が三原脩（巨人—西鉄—大洋—近鉄—ヤクルト）の1687勝。つづいて藤本定義（巨人—大映—阪急—阪神）1657勝、水原茂（巨人—東映—中日）1586勝、西本幸雄（大毎—阪急—近鉄）1384勝、別当薫（毎日—近鉄—大洋—広島—大洋）1237勝の順だ。この上位6人がすべて六大学OBである。鶴岡が法大の名三塁手、三原・藤本は早大出、三原が二塁手、藤本は投手だった。慶応出が水原三塁手と別当外野手、そして西本は立大の一塁手だった。現役の監督では阪神の野村克也監督が一九九九年までに1195勝で最高だ。

六大学リーグでは明大の名物監督だった島岡吉郎が在籍64シーズンで433勝336敗で最高。つづいて慶応の前田祐吉が36シーズンで268勝166敗で2位。あとは早大の石井連蔵が172勝145敗、森茂雄が163勝89敗、石井藤吉郎157勝79敗の順である。

島岡監督は優勝回数も13回でトップ。つづいて森早大監督の9回、前田監督の8回の順だ。前田は戦前〝名監督〟といわれた腰本寿慶大監督の〝7回〟を抜いたわけである。

明治の早慶戦

いまはプロ野球の人気が高いが、かつて日本中を沸かせたのが早慶戦であった。日本一を争うゲームは天下分け目の決戦といわれた。当時は世界学生の三大スポーツの一つとまでうたわれた。

この早慶戦がスタートしたのが一九〇三（明治三十六）年。第一回が行われたのは九十七年前のことである。第一回は三田綱町グラウンドで行われ、早大の選手たちは朝から弁当持ちで、朴歯の下駄を鳴らしながら戸塚村を出発、三田までの13キロの道を歩いていった。

ユニホームは一応揃っていたが、足の方は空っすねの足袋はだし。投手と遊撃手は小形のグラブであるが、その他は捕手のより小形なミットを使っていた。

この第一戦、慶応は早稲田などものの数とはしていなかったが、いざ戦ってみると早大はなかなか手ごわく、前半はリードされ、後半やっと慶応が逆転して11—9で勝った。早大は敗れたとはいえ予想以上の善戦に喜んだ。

試合後の懇親会の席上で、話が進み、今後春、秋に1回ずつ試合を行い、球場は交代で使用することを決めた。互いに好敵手たることを認めあったわけだ。

早大はそれから戸塚村まで応援団とともにテクテク夜道を帰った。人力車はあったが、銭がなくて乗れなかった。

そして翌三十七年、わが野球界に革命的事件が起こった。一高の王座が慶応と早稲田のために崩されたのだ。そして両者の王座争いと早慶時代に移っていく。

すなわち早慶戦はわずかにその二戦目から王座争い、天下分け目の一戦となったのである。その第二戦、慶応のエース桜井弥一郎が肩を痛めていたため、やや投手力が弱く、早大に打ち込まれる。春は13―7、秋は12―8で早大が連勝した。

早大はこの明治三十七年に全勝の成績を収めたので三十八年にアメリカへ遠征する。安部磯雄野球部長が早大野球部創立のおり、部員一同に「もし諸君が慶応、一高、学習院に勝つことができるようになれば、アメリカに連れていこう」と約束していたのだ。

しかしその時は日露戦争の真最中であった。日本軍は連戦連勝の勢いで、一月には難攻不落といわれた旅順の要塞をついに陥落させた。三月には奉天(今の中国東北部の瀋陽)大会戦があって、これも大勝利。しかし多額の戦費のために、十五億円という国債が発行され、戦死者も八万人をこえた。そのような大変な時局下のアメリカ遠征であった。

当然反対の声が上がる。だが安部部長は「戦争の最中に遠征すれば、アメリカは日本を余裕のある国と思うであろう。むしろ好タイミングだ」

とひるまず、早大総長の大隈重信を説いて出発したのである。

ロシアは極東の劣勢を挽回しようと、当時世界最強といわれたバルチック艦隊四十隻を、ヨーロッパから印度洋経由で回航しつつあった。そのさなかの四月四日に早大野球部一行十二人は横浜から出発、遠征を決行したのだ。日本海大海戦が迫って、世論がごうごうとしている中での船出であった。

明治という激動の時代の中で、スポーツに青春をかけた男たちの勇断であった。

出発に先立つ一週間前の三月二十七日送別早慶戦が行われ、慶応が1―0で勝つ。これで早慶戦は2勝2敗となった。

早大はスタンフォード大学との第一戦を皮切りに南加大、ワシントン大など各地で大学チームやプロチームと戦い、成績は7勝19敗であった。

早稲田は日本野球界に多くのみやげをもたらして帰ってきた。この早大を迎えて三十八年十月半年ぶりで早慶が相まみえることになる。

新しい技術、戦法を学んできた早大の評判は非常に高く、洋行帰りが勝つに決まっているという声が大きかった。しかし慶応は洋行帰りがなんだ、一泡ふかせてやろうと猛練習を重ねて十月二十八日戸塚へ乗り込んだ。エースの桜井投手の肩も回復、その桜井が力投、立ち上がりの先制攻撃が成功して5―0と快勝したのだ。

早大は全く面目をつぶしてしまったが、このゲームで日本野球史上に一大革命をもたらしたのである。

早大は赤味を帯びた薄茶色のユニホームに、海老茶色のWASEDAの六字がくっきりと浮かび、帽子にも同色の二本の線を入れ、スパイク、見事なグラブなど、上から下まで洗練されたものであった。従来の武骨なものから一変、ファンをびっくりさせた。

そして新しい野球技術を輸入してきた。打撃に重点をおく積極的攻撃法、スクイズとバント、スローボールを織り込んだ投手のチェンジ・オブ・ペース、二塁への牽制法など新しい技術ばかりでなく、団体的応援法、コーチャーの重要性、スコアブックの記入法、運動具の改善、審判法など根本的な革命がもたらされたのだ。

早大は帰国第一戦に敗れたのに奮起、三田での第二戦では河野安通志投手が桜井に1―0で投げ勝つ。1勝1敗のあとをうけた決勝戦の七回慶応応援団は突如黒い上衣を脱ぎ、白くKOの二文字を浮き出し、満場をあっといわせる。早大も海老茶色の旗数百本を打ち振り「フレーフレー、ワセダ」をくり返せば、慶応もこれに応じて気勢をあげた。この応援ぶりはわが国における団体応援の最初であった。

試合は三たび桜井、河野の一騎打ちとなり、そのまま延長に持ち込まれる白熱戦となったが11回泉谷祐勝の快打で2点、慶応はその裏1点を挽回したものの2―3で涙をのんだ。

そのころは試合終了後、両軍の選手が集まって茶話会をやることになっており、早大の案内役が慶応の更衣室に当てられたテニス部のクラブハウスへ迎えにいった。しばらく待ったが、だれも出て来そうもないので、障子を細めにあけて中をみると、慶応の選手はユニホームを着たまま泣いていたのであった。

Column

兄弟選手では山村三兄弟がピカ一

兄弟選手で通算3割をクリアしているのは早大の山村博敏（鐘紡）と慶応の泰弘兄弟。博敏は戦争中の入学のため出場は戦後の3シーズンだけ。そのすべてに3割を打ち、通算3割5分1厘、泰弘は108安打を放ち、通算2割8分6厘、22試合連続安打はレコードとして残っている。二人の合計は474打数、156安打で3割になる。

なおこの二人の長兄吉隆は昭和十六、七年に慶大の投手として活躍、10勝、4敗、3完封の成績だった。打撃の方を加えると三兄弟では3割を切ってしまう。戦時中でなければ山村三兄弟はもっと光輝いていたであろう。

Hか E か、公式記録員の苦悩

数年前、夏の甲子園大会中、私はある夕刊紙に「ヘェー、こんなことがあったの——甲子園意外なお話」というコラムを連載した。いまでは考えられないような珍プレー、珍記録などを拾ったのだ。

その一つに、「なんと全員12失策」——。

話は当然古い。大正十年の第七回大会のこと。やったのは神戸一中だった。その内容は捕手、三塁手、中堅手が各2、投手、一塁手、二塁手、遊撃手、左翼手、右翼手各1の合計12エラー、しかも全員が記録したのだ。当然ながらスコアは0—20の大敗。

神戸一中はその前年に全国優勝したほどのチームだが、なにしろ相手が悪かった。そのときの和歌山中は投、打とも強力。とくに後年早大で強打をふるった井口新次郎（野球殿堂入り）らの猛者がいて、打線の破壊力はすさまじかった。神戸一中のほか各校に、いずれも10点以上の大差をつけての大勝で楽々と優勝、一ゲーム平均19点近いケタはずれの強さであった。

それだけに打球の速さは抜群であった。当時の公式記録員の〝ヒット〟と〝エラー〟の判定はかなりきびしく、いまなら当然〝安打〟と思われる強襲ヒットのような当たりが、ちょっとグラブにさわると全部〝失策〟に記録されたという。現在の判定の基準ならもっと〝エラー〟は少なく、〝ヒット〟になっていたであろう。こんな記録もできなかったに違いない。

この公式記録員、実は私も五十年近くやっている。東京六大学リーグ、大学選手権、神宮大会はいまもつづけているのだ。世界選手権などの国際ゲームをはじめ、甲子園大会、都市対抗などもかつてはやっていた。

一番むずかしいのは強襲ヒットのような〝ヒット〟と〝エラー〟の判定である。講習会などに行ったときは、

「迷ったときは、なるべく打者に有利になるように」

と教えている。つまり〝ヒット〟にした方がいい。

どこの球場のスコアボードを見ても、必ず〝H〟〝E〟〝FC〟のランプがある。Hは安打、Eは失策、FCは野選をあらわしている。三遊間へ強いゴロ、野手が追いついて、捕球したと思ったとたんにポロリとこぼして、打者がセーフ。ヒットかエラーか？　観客はスコアボードに目が走る。〝H〟とつく。

このランプのボタンを押し、打球やプレーなどの判定をする人が公式記録員である。ネット裏記者席の中央に座り、微妙なプレーにはマイクで記者席、放送室に判定を告げるわけ。

日本のプロ野球では、セ、パ両リーグの記録部の人が担当、選手側も打率で競り合っている時など、自分では安打と思ったのに、エラーになると、思わずネット裏を見上げて、にらんでいる選手もいる。また試合が終了してから、記録員にかみついてくる人もあった。1本のヒットが年俸に影響する世界、記録員もすごく神経を使うわけだ。

六大学リーグでは昔は飛田穂洲、小野三千磨、小川正太郎といった後に野球殿堂入りしているそうそうたる大先輩が担当していた。飛田は〝学生野球育ての父〟ともいうべき人、小野三千磨は米大リーグを最初に破った大投手、小川は昭和初期の黄金時代、神宮をわかせた名投手。いずれも野球界の大御所ともいうべき人だった。私が毎日新聞社に入ったとき、小野、小川は社の上司で、いろいろ指導を受けた。私にとっては大恩人である。そんな関係で入社してすぐリーグの記録の集計を二人から任された。

一九六二(昭和三十七)年になって、この三人に朝日新聞の好村三郎と私が加わった。そして三十九年から各校の選出と決まり、飛田(早)、成田理助(法)、辻野実(東)、森芳健(明)、好村(立)と私(慶)でスタートした。

飛田さんのあと中島治康さん(元巨人監督)がやるなど、各校とも何人かの人がつぎつぎと交代して今日に至っているが、慶応だけは私一人が、そのまま頑張っているのだ。

試合が終了するとすぐ集計して、スコアカードをコピーしていち早くネット裏の記者たちに配布するわけだが、正確さとスピードが要求されるだけにかなり大変な作業である。

四十年近い六大学公式記録員として忘れられないのは昭和三十八年十月七日の明法2回戦。法大の山崎武昭（元日本ハム）投手が好投して、九回を終わって1四球、1死球、三ゴロ失の3走者を許しただけのノーヒット。明大の石岡康三（元国鉄）も鋭いカーブが決まって、両チーム無得点。十回から点灯されナイターの延長戦となった。そして十一回表先頭の鈴木誠が三ゴロ。これを三塁手が弾いた。この一打は野手にとっては少し難しいゴロだったが、記録員の私はちょっとためらったあと〝E〟と判定した。山崎の〝ノーヒット・ノーラン〟の記録はその時点では残ったわけ。ところがつづく松岡功祐（横浜スカウト）が一、二塁間へ好打、この打球が走者に当たって鈴木がアウトになったが、松岡には規則により〝安打〟がつき、大記録は消えてしまったのだ。好投の山崎にとっては全く不運な〝H〟がついたわけだ。

もう一つの思い出は昭和四十八年秋の早明2回戦。明大の上田芳央投手は八回まで早大を無安打、四球の走者一人に抑える快投ぶり。5—0と明大がリードし、ノーヒット・ノーランで優勝を飾るかと思われた。

ところが九回代打小橋秀明（日本石油）が上田の第一球をたたいて、二塁手頭上を襲うライナーを放ったのだ。二塁手斉藤茂樹（NKK）がジャンプ一番、いったんはグラブに入れたが、落球した。

これも記録員泣かせの非常に微妙な一打だったが、私は好守の斉藤だから、あれだけのジャンプができた、落球というより弾いたと判断して〝H〟のランプをつける。スタンドはざわめき、とくに早大側から〝ワーッ〟という歓声が上がった。

マウンド上の上田は天をあおいで、残念がっていた。上田投手の97球目だったが、この初安打で早大は急に目がさめたように打ち出したのだ。逆に上田はこのあとカーッとなって突如崩れたのである。

山本重行(東京ガス)のヒットがつづき、2番西村一貴(日本生命)のカウント0―2のあと投手を井上明(朝日新聞)に切り替えた。鍛冶舎巧(松下電器)、前川善裕(NKK)らが連安打して2点差、なお一死満塁と早大は明大に迫った。

この間明大野手陣は手足が硬直したように打球に対する動きが鈍り、一撃出れば逆転かと思われるほど浮き足立って見えた。しかし井上投手が懸命に力投してピンチをきり抜け2点差で優勝をかちとったのである。

合宿に帰ってから、「お前があまりにも記録を意識しすぎていたから、あんな結果になった」と島岡監督に上田はなぐられたというような話を聞いた。私は自信を持って判定したもののなんとなく、上田に悪いことをしたなあとしばらく気が重かった。

こんなこともあった。昭和四十一年春の早東3回戦。早大の八木沢荘六(阪神コーチ)は八回高木剛に中前打されてノーヒットを逸したが、九回一死右越三塁打の長倉春生(元大昭和)を置いて、東大・橘谷健（三菱神戸）の高目の球を自ら右前へ叩いて決勝点を叩き出した。当然サヨナラ・ヒットであるが、ライト坂井竜彦は球を取ると、一塁に送球、八木沢をライトゴロに仕留めてしまったのだ。

三塁走者がホームインして試合終了なのに、何故一塁へ送球したのか、また一塁塁審が〝アウト〟と判定したので、記録員は困ってしまった。私が担当ではなかったが、「一塁へ投げても無駄だから、ヒットにすべきだ」と私は主張したが、鈴木美嶺（東大出）さんらが現実に塁審が〝アウト〟といっているのだからやはり〝ライト・ゴロ〟といい、このときはそれで決着した。

アメリカの大リーグではホームグラウンドの地元のベテラン記者に委嘱している。ホームチームの投手がノーヒット・ノーラン・ゲームをやりそうなときに、ヒット性の一打を〝E〟とつけて協力？　物議をかもしたことがあった。

六大学リーグでもAとBが首位打者を争っているときなど、判定にはたしかに神経質になる。それだけに公式記録員は、ひいきの選手やチームをつくることができない。六大学では母校のゲームは担当しない。だから私は早慶戦の公式記録員をやりたくてもやれないのだ。

遠かったホームベース

最後の早慶戦——。ほんとうにあのときはそう思った。

昭和十八年十月十六日。早大安部球場で学徒出陣の壮行試合ともいえる〝早慶戦〟が行われた。私はちょうどそのころ慶応の野球部にいて、その感動のゲームに参加した。「野球ができるのはこれが最後だ」と、みんなが思い、そして戦場へ。

昭和二十年終戦。敗戦のショックはたしかに大きかったが、そのとき、〝これで野球が自由にできる〟と思った。平和が戻って、再びボールを握ったときの喜びは大変なものだった。

食糧難をはじめ、ないないづくしだったが、ハラが減っても、白球を追った。みんなほんとうに野球が好きだった。

東京六大学野球リーグ戦が復活した最初のシーズン、昭和二十一年春は1回戦総当たり。慶応が4番別当薫（元大洋監督）の強打とエース大島信雄（元中日）の好投で全勝優勝した。そのとき優勝を争ったのが、なんと東大で山崎諭投手が力投、山崎喜暉、西村嘉明、井波義一らの強打で勝ち進み、全勝同士で慶応とぶつかった。山崎投手の力投で慶応にくい下がったものの1—0で涙をのむ。

たった一度の優勝のチャンスを逸して残念でたまらない東大の面々が当時のメンバーで慶応にぜひ敵討ちしたいと挑戦。これをうけて三十八年ぶりの対決が実現した。東大は山崎諭、慶応は大島が先発、東大は打順まで当時と全く同じだった。私も慶応のメンバーだったので、久しぶりになつかしいユニホームのソデを通し、昔の球友たちと楽しいひとときをすごす。

これをきっかけに毎年、野球、ゴルフ、麻雀などで両校ナインが友情を深めていたが、この楽しい集いを聞いて、まず明大が加わり、早、立、法と輪がひろがる。そして〝六球会〟が誕生した。

六球会のメンバーは終戦直後、リーグ戦が復活したとき、野球部に在籍した者。学徒出陣で戦場へ行った人も多い。平和が戻って再びボールを握ったわけだが、ハラが減っても白球を追った仲間だ。神宮球場が米軍に接収されていたため、リーグ戦は西武線の上井草球場で開幕、後楽園、東大、明大のグラウンドを転々とした。球場難、用具不足に泣かされたが、それを乗りこえて、ともかくも好きな野球をやり通した。そして六大学の伝統を守り抜いた仲間である。

それが四十年たって再びグラウンドで白球を追う日がやってきた。最初は東大球場に集

なつかしいユニホームにソデを通して全員集合の六球会メンバー。

フォークボールの元祖明大・杉下投手は〝魔球〟を２、３球披露。

東大史上最高の２位となった山崎諭投手。豪快なフォームは変わらなかったが……。平成11年に死去。

まってきて、六校の対抗戦。そのうちになつかしい心の故郷、神宮球場に舞台を移した。

明大のフォークボール・杉下茂（元中日）をはじめ左腕の法大・関根潤三（元ヤクルト監督）、慶大・大島、立大の剛腕・五井孝蔵（元近鉄）と都市対抗男・大沢貞義（熊谷組）、44勝と史上3位の末吉俊信（早大―元毎日）、明大・入谷正典（元巨人）、東大の山崎らの各校のエースらがマウンドを踏むが、

「ホームベースがいやに遠いなあ」

とブツブツ。セビロ姿では誰が誰だがわからなくとも、ユニホームを着て、グラウンドに出ると、昔のクセが出てすぐわかる。

「サードは土屋亨（元中日）君」、「荒川宗一（元高橋ユニオンズ）のバッティングは変わらないね」とピッチングフォームもバットスイングにも昔の面影がチラリ。

古希をとっくに過ぎたかつての各選手たちもきねづかをちょっぴり見せるが、昔の華麗さとはほど遠く、足はもつれて、フライはとれず、珍プレー続出に笑い声が絶えなかった。

ゲーム終了後近くのレストランで乾杯、そしてエールの交換、応援歌を歌い合う。

歌う男たちは背筋をピーンと張って、歌声も力強い。やがて大合唱。五十余年前のあの日、あのときのグラウンドの情景が浮かんでくる。おれたちの青春はあそこにあった。この歌の中にあった。

野球だけだと年一回しか集まれないと、春、秋にゴルフコンペ。それにマージャン大会、旅行

会でさらに友情を深めている。

ただこの会が単に昔を懐かしむ老後のお楽しみのためだとは誰も思っていない。六大学の人気が高かったわれわれのときとくらべて、昨今は低調、神宮球場はいささかさびしい。〝六球会〟の親睦の輪をひろげ、神宮のスタンドに集まって、母校を、いや六大学野球を応援しようという〝熱き思い〟がみんなにあるのだ。

学徒出陣、最後の早慶戦

一九九七（平成九）年の夏、テレビのサンデーモーニングで〝戦争とスポーツ〟というテーマの企画があり、甲子園球場で中学三年生の少女から取材をうけた。そのとき、いまは平和でこのように球児たちが満員の大観衆の中でのびのびとプレーができる。私たちは戦争のために大好きな野球が思う存分できなかった。いまの球児たちは平和な時代に生まれたことに感謝しなければならないというような話をした。

私はいまでもそのときのことは忘れることができないが、一九四一（昭和十六）年夏、兵庫県予選が始まる寸前に大会の中止が決定。私たちはグラウンドにすわり込んで泣きくずれた。その年の十二月に日米が開戦するのだが、軍の満州への大移動があり、そのためスポーツの全国大会はまかりならんということになった。そして予選までとり上げてしまったのだ。私の中学は甲子園を狙うようなチームではなかったが、前年ベスト8まで進み、そのメンバーから外野手が一人抜けただけ、しかもエースの山村博敏投手が好調だったからベスト4を狙って猛練習をつづけていたのだ。山村投手は後年早大、全鐘紡の4番を打ち、全日本軍の主砲といわれた強打者、当時超高校級といわれた瀧川中の別所毅彦と互角に投げ合ったほどの左腕投手だった。山村投手は力投したものの瀧川中に1—0の惜敗。別所投手から20三振を喫するなど他のメンバーはそれほどでもなかったが……。

とにかく目標としていた予選がなくなったのだから、みんなが泣いたのも当然だった。そしてこんな状態なら日本はどうなるのか、暗たんたる気持ちだった。

そして大学に進むと、こんどはリーグ戦までとり上げられたのだ。戦時下、戦局がますます深刻となり、軍部を背景とする文部省の野球弾圧が激しくなり、東京六大学リーグにいろいろのしめつけを行ってきたのだ。

一九四二（昭和十七）年秋にはそれまで各校総当たりの2回戦制から1回戦総当たりとなり、しかも平日の試合は禁止となる。朝の九時半から早法、慶東、明立といった3ゲームが一日に組まれるというスケジュール。十月三日に始まり、二十五日に閉幕、わずか3週間というあっ気ないシーズンだった。

このようにリーグ戦は日に日に苦境に追い込まれていった。戦時色、軍事色は野球、テニスなど外来スポーツを目の敵にして弾圧がきびしくなっていった。

当時六大学側は国策にそうよう昭和十八年二月に野球用語の改正を行い、ストライク＝本球、ボールを外球、アウトを倒退、セーフを占塁とするなど英語を追放するといった苦心の対策を立てた。

面白いのでその一部を紹介すると、ファウル・チップが即捕外圏打、ボークが擬行。ヒット・エンド・ランの協走打、スクイズ・プレーの求点走打となると笑いたくなる。

プロ野球は当時職業野球といわれ、戦闘帽に脚絆をつけた選手が球審の叫ぶ「よし一本（ストライク）」で試合をやっていた。ボールは声を低めに「ひとーつ」だった。2ボール、3ボールが「ふたーつ」「みーいつ」となり、ファウルすれば「もとい」。三振で「ひけっ」、この声にすごすごベンチに引き下がる。

ユニホームはカーキ色か灰色でチーム名も「巨人軍」「黒鷲軍」といった漢文字。後楽園のスコアボードにも「進め！　一億火の玉だ」と書かれていた。

六大学の方は結局この「邦語集」は使わずじまいだった。

そして一九四三（昭和十八）年の春、ついに野球弾圧の日が来た。六大学リーグの解散の厳命、全国中等野球大会の中止となったのだ。ガダルカナル島での日本軍が敗退という暗いニュースが流れて、日本中に灰色がしのび寄りつつあったときであり、来るべきものが来たという感じで、このときは比較的冷静に受けとめることができた。

このようにしてリーグ戦の灯は消えることになった。大学野球は当該総長の方針に任せるということで、早大も慶大も練習をつづけていた。リーグ戦は絶たれたが、対抗戦の道は残されていた。

戦局はますます苛烈になり、六月には学徒動員令が下る。三十日間授業を休み、勤労奉仕の名で学生が工場で働くことが定められた。

そして九月二十二日政府は文科系学生の徴兵猶予を停止する特令を公布した。大学在学中の適齢者は十月二十五日から臨時徴兵検査を受けることになり、陸軍は十二月一日、海軍は十二月六日に入営することになった。早大は六千人、慶応では約三千人の学生が学業を半ばにしてペンを捨て、母校を去って行くことになった。

当時の慶大の阪井盛一主将は「このまま戦場へ行くのは残念だ。なんとか早大と最後のゲームをやりたい」と思い、野球部長を通じて小泉信三塾長に相談すると「それは良いことだ。ぜひ開催できるよう努力して下さい」と快諾された。そこで早速早大に申し出る。ところが早大の大学当局はきわめて消極的。軍に気兼ねする人たちの反対にあって、なかなか話は進展しなかった。

私たちはすぐにでもプレーボールできると思っていたが、返事が来ないので「何を早大はもたもたしているのか、徴兵検査まで日がないんだぞ！　早く決めてくれ！」と怒りをぶつけるものも出てくる。

阪井主将は「実現がむずかしい」と判断、「戦場へゆくと、生きて再び帰れない。早慶戦が無理なら選手たちを帰らせて、一日でも多く両親や兄弟たちとの時間を持った方がいい」と決断、

昭和18年10月16日、戸塚球場にて行った早慶戦のメンバー。

ナインを故郷に帰らせることになった。

やっと十月に入って間もなく、早大は学校当局の反対を押し切って野球部が責任を持って強行することが決まった。

難航に難航を重ねた学徒出陣の早慶戦はやっと十月十六日に実現した。

ずっと練習をつづけていた早大に対して慶大の方は故郷に帰っていた選手たちを電報で呼び寄せるといった状態で全く練習不足、それにエースの大島信雄投手が肩を痛めて登板できなかったこともあって、ゲームは早大の一方的な勝利となった。

しかし試合後に起きた出来事はすばらしく全く感激的であった。両校応援団はお互いの応援歌、校歌をともに歌い、戸塚球場は全く一つの大きなかたまりとなって、すばらしい〝一体感〟に包まれていった。

やがてどこからともわき上がった「海ゆかば」のメロディー。厳粛な歌声はやがて全員の大合唱となって、スタンドにひびきわたり、戸塚球場を包み、早稲田の森にこだました。「もう生きて帰れない。野球も終わりだ。そんなことを考えていると、ジーンと熱くなって……」と選手たち、主将の阪井も強打者の別当薫も早大の笠原和夫主将たちもみんな泣いていた。

歌い終わったあと「こんどは戦場で会おう」という叫び声、応援の学生はみんな制帽を右手に持って振りながら「頑張れよ」「お互いにやろうぜ」と応酬しあった。

もう早大も慶応もない、明日は学徒出陣として征く仲間として、互いに励まし合う気持ちが球場全体にみなぎっていたのだ。

試合が終わったあと、小泉塾長が敷いていた新聞紙をキチンとたたんでポケットにさり気なくおさめて席から立ち上がった。これを学生が見習って自然発生的にそれぞれまわりの紙クズを拾い集め、屑カゴに入れた。慶応の若人たちはスタンドに紙くず一つ残さず、清掃して引き揚げたのだ。

その態度と、慶応の誠意に応えようと前日からグラウンドを整備して、最善を尽くして、好敵手を迎え入れた早稲田の心意気は全く見事というほかなかった。

私は早慶戦史上にこんなすばらしい一戦があったことをいまでも誇りに思っている。

サイクルヒットにドラマあり

サイクルヒット――シングル、二塁打、三塁打、ホームランを一試合で打つ快打記録であるが、プロ野球でも一年に一回と出ないもの。444本のホームランを打った長嶋茂雄は一度もやっていないのだ。4安打した試合で長嶋は三種まで打ったのが五回ある。うち四回は三塁打が打てなかったのだ。

最近打ったのは九九年四月末の広島カープの金本知憲外野手。対中日戦で4打数、4安打、6打点。先制の二塁打から右翼上段の3ラン、五回には右中間三塁打。そして七回に右前へポテンヒットして達成した。

サイクル安打はこれがプロ野球史上四十九人目（五十二度目）。広島カープの打者では八三年四月三十日の山本浩二以来であった。

ミスター赤ヘルの異名をとった山本浩二はいろいろな快記録を残しているが、その中の一つ〝サイクルヒット〟だけはいまだにひっかかるものがある。

この金本が達成した日、巨人―横浜戦のテレビ解説を中畑清とともに山本浩二がしていた。アナが、

「広島の金本がサイクルヒットを達成しました。カープでは山本さん以来ですね」

と問いかけても、山本はソッ気なく「うん！」としかいわない。中畑がすかさず、

「私は見てましたよ。最後の三塁打を打ったとき、三塁手の掛布はゆっくりとタッチしましたね」

山本「――」

山本が何もいわないのにはそれだけの理由があるのだ。私はテレビのやりとりを見ながら思わずニヤリ。実はこういうことだったのだ。

あれは七三年の対阪神戦。最後の三塁打で達成したわけであるが、山本は記録を狙って無理を承知で三塁へ猛進した。完全にアウトのタイミングだったが、外野からの返球を三塁手の掛布雅之がベースの後でとり、あえてタッチにいかず、セーフとなった。ニヤニヤした掛布の表情がテレビに映し出され、心あるファンのひんしゅくをかった。

連盟も当該審判員に報告書を提出させたが……。「グラブがベースに引っかかったから……」で終わりになってしまった。

つまり山本の記録達成に協力者？　がいたと疑われ、山本もなんとなく気がひけて、ソッ気ない返事になったのであろう。

この山本は掛布の協力？　でセーフとなったが、同じ甲子園球場でもこんなことがあった。それは七九年の選抜高校野球大会の決勝。箕島—浪商戦で箕島の北野敏史一塁手（松下電器）は一回右前安打したのをきっかけに三回、中越え三塁打。香川伸行（元南海）の快打で5—6と一度は逆転されたが、北野は七回、牛島和彦（元ロッテ）の内角ストレートを快打すると、打球は逆風をついてライトのラッキーゾーンに飛び込む同点ホーマーとなった。

あと二塁打が出ればサイクルヒットだ！　八回北野が右中間へ長打、「やった！」とスタンドは大歓声。北野は一塁から二塁へ。そこまでは良い。だが北野は〝サイクルヒット〟など頭中にないのか、二塁を駆け抜けて三塁へばく進している。「三塁打なら大記録はオジャンになる」と思った瞬間、三塁へすべり込んだ北野は好返球でアウトになってしまった。結局二塁打になり、記録は達成された。山本が記録にこだわって三塁へ猛進したのに、北野は〝記録よりも勝利〟〝一つでも前へ〟の気持ちで突進、アウトになって樹立されたのだ。

同じサイクルヒットにもいろいろなドラマがあるものだ。

六大学リーグではいままで六人がやっている。ホームランが少なかった戦前はもちろんなく、初のサイクルヒッターが生まれたのは、わりと最近のことで、一九七八（昭和五十三）年春の開幕戦、法立2回戦だった。法大の居郷肇が三塁打、二塁打、本塁打と打ち、最後に二遊間にヒットして達成した。

そして同じ春の早東1回戦に早大・岡田彰布（阪神二軍監督）が第2号。初回に二塁打、あとは三塁打、安打、七回に左翼本塁打した。翌年春の慶明1回戦で明大百村茂樹が二塁打、三塁打、安打、八回に左翼本塁打を放ち三人目の快挙。第4号は八四（昭和五十九）年春法大・島田茂が対明大2回戦で二塁打、本塁打、安打、安打、三塁打と5打数、5安打で達成。つづいて八六（昭和六十一）年春に慶応・加藤健が対立大3回戦で初回の中前打から二塁打、本塁打、三塁打と打って五人目、同じ春明大・戸塚俊美が対立大1回戦で三塁打、本塁打、二塁打、安打と放ち六人目の快記録をつくった。この六人の快打はいずれも春のリーグ戦で、秋がないのは不思議。また一人が打つとすぐその後につづくのも奇妙。平成に入ってからはあの高橋由伸（巨人）でさえできず、一回も記録されていない。

戦前にはホームランが少ないから、サイクルヒットは無理だったと書いたが、こんなこともあったのだ。〝神主打法〟でプロでも猛打をふるった岩本義行が明大時代、一九三六（昭和十一）年秋の東大2回戦でのこと。右越え二塁打につづいて四球、右翼三塁打と打ち、第4打席にレフトへ同点本塁打。サイクルまでシングルヒット1本だったが、延長十回二死から左中間スタンドにサヨナラホームラン。1試合2ホーマー、13塁打と戦前では珍しい猛打記録だった。

居郷の第1号が出るまでの一番惜しかったのは一九六九（昭和四十四）年春の慶法2回戦。二人の選手が快挙寸前まで行ったのだから面白い。法大・山田克巳が二塁打、本塁打、内野安打と打ち、あと三塁打が出ればという場面で山田は左中間へ快打したが、二塁打止まり。ベース一つ足りなかった。話はこれで終わらない。

慶応の主砲松下勝実も二塁打、単打、本塁打と打ち、九回最後に右中間を破る。〝やった！三塁打〟とスタンドは総立ちとなったが三塁へすべり込んでタッチアウト！　これはベースを目の前にして涙！　同じ試合でいずれも三塁打が出ず夢が絶たれたのだ。

こんなこともあった。六十（昭和三十五）年秋、法大・山本一義（元広島）が対東大2回戦で二塁打、三塁打、本塁打と打ち、第4打席目に右翼線二塁打。ヒットでよかったのに……。

神宮へ行こう

このところ六大学野球の入場者数がドカ減りしている。とくに一般学生の神宮ばなれが目立っている。いまの学生は昔ほど母校愛がないし、刹那主義の人が多い。優勝がかかるとドッと集まってくるし、優勝のチョウチン行列では大騒ぎする。学生よ！　神宮へ来れ！　と呼びかけても、いまは遊ぶところが多いし、面白いこともいっぱいあるのだ。

いまと違って昭和の二、三十年代の学生の遊び場は、学校のそばの麻雀屋か銀座、新宿のコーヒーショップ、学割のきく映画館。そんなものしかなかった。腹が減ると外食券食堂かそば屋などで空腹を満たすぐらいだった。

だからその頃の六大学野球は、春と秋の学生のお祭だった。学生にとってこよなく楽しい神宮球場通いが始まると、おそらく教室も欠席が多かったに違いない。欠かさず通いつめる学生がほとんどだったから、教師たちも学生席に顔を出して一緒に声援を送る。教室よりも神宮へ、神宮へ……だったのである。

あの時代の学生たちにとっては六大学野球は青春そのものであった。それに同級生に「野球部の○○選手」がいるとなると、当然親しくなるし、野球場通いにも熱が入る。

それに当時の六大学にはスター選手が多かったから試合も白熱し、面白かった。六大学の一流選手はほとんどプロに入って活躍するし、その他の選手も都市対抗などの社会人野球で頑張っていたのだ。

日本テレビ系列で江川卓と野球談義をやっている徳光和夫アナウンサー。この人が野球にとりつかれたのは六大学、それも長嶋のあの8号ホームラン、あれが自分の人生を決めたと、ある雑誌のエッセイに書いていた。

高校二年生のとき、あのホームランを見て感激、「立大に入ろう」とそのときに決めたのだ。

「何時に行く?」

「お昼すぎでどうだ?」

「OK、わかった」

大学でのキャンパスでの会話――。徳光さんの立大時代は、行き先などいわなくとも、みんなわかっていたという。神宮球場、六大学、母校・立大の応援だったのだ。

なんと徳光さんは大学在籍四年間、母校のゲームを見なかったのはたった二試合だけだった。

大学生といっても金はない。六大学野球を見たいが金はないのでとび込んだのが応援部。入部したが、一年生の仕事は、スタンドに座っている学生を〝監視〟する任務だった。

「そこの学生さんしっかり応援してください」

と注意するのが仕事だった。これではグラウンドは背中で、ゲームは見られない。

他に何か良い方法はと考えていたとき、応援団長のそばにいた放送研究会の人たちが目に入った。学生にあとで聞かせるため、試合の模様を三十分のダイジェストにするための録音をしていたのだ。

これだ、タダで野球をじっくり見られるのは！　と早速入部。思えば徳光さんがアナウンサーになる第一歩だったわけだ。

そのエッセイの最後に徳光さんはこうしめくくっている。

——もし私に青春といえるものがあるとしたら、それは六大学野球とともにあったような気がします。「浜中が走った！　速い、セーフだ　続く高林が打った！　センター前。立大きょうも先制点をあげました！」……スタンド最前列の実況放送。シマのユニフォームの立大ナインが躍動して、私の声もはずんでいました。若かった。楽しかった——。

〝不運〟な〝安打〟

渡辺泰輔が完全試合をやってのけてからはや三十五年がすぎたが、その後もこの〝快挙〟は出ていない。

惜しかったのは一九七七（昭和五十二）年秋の慶大・小綿重雄投手（岩手銀行）だ。十月十日の東大2回戦に先発した小綿はシュートにゆるいカーブを巧くまぜて東大の打者をほんろうした。八回まで三人ずつでうちとり、あと1イニング、三人で〝完全試合〟。

九回先頭打者を二ゴロにうちとる。あと二人と思った瞬間、清水健五二塁手（住友金属鹿島）が平凡なゴロをはじき、渡辺以来十三年ぶりの完全試合は吹っ飛んでしまった。これで気落ちしたのか、小綿は一死後、中前打され、残された七年ぶりのノーヒット・ノーランも消えてしまった。

惜しいといえば一人の走者を出しただけで〝完全〟を逃した投手が十人もいるのだ。

藤田は六回まで三人ずつにうちとって、あわや完全かと思われたが、七回四球を許す。しかし次打者を二ゴロにうちとり、二―遊―一と球が回ってダブルプレーで無残塁の準完全試合だった。無残塁のノーヒット・ノーランは史上初めてであった。

杉浦は藤田と同じく四球の走者を一人出しただけ。一番惜しかったのは中村投手で、七回投ゴロを自ら一塁に悪投したばかりにこの大記録を逃した。

この十人の中で藤田と同じように二十七人で料理した〝無残塁〟は北口と鎌田だ。北口は五回に1安打を許したが、すぐ併殺にうちとる。この試合も私が公式記録員をやっていたので忘れないが、それ以上に記録員をあわてさせたのは一番新しい鎌田のケースだ。

鎌田は立ち上がりから快調、三者三振のスタート。大きく落ちるスライダーが低目にきまり、ストレートもよく伸びて六回までは〝完全ペース〟で飛ばした。しかし七回思わぬ〝不運〟で大記録が消滅した。

法大の先頭打者・石野豊へのスライダーが打者の手前でワンバウンド。何とこの球が振りにいって止めた石野のバット

一走者完封試合

					走者
①	竹内愛一	（早）	大14秋	対慶大①	安打
②	中村峰雄	（明）	昭3秋	対法大②	失策
③	小島訓一	（立）	昭28春	対早大②	安打
④	藤田元司	（慶）	昭29春	対東大①	四球
⑤	杉浦　忠	（立）	昭32秋	対早大①	四球
⑥	中村憲史郎	（立）	昭47秋	対東大②	安打
⑦	北口勝久	（早）	昭53秋	対東大①	安打
⑧	大沢　明	（早）	平1秋	対法大②	安打
⑨	平田国久	（立）	平1秋	対東大①	安打
⑩	鎌田祐哉	（早）	平11春	対法大②	安打

に当たり、一塁手の前に転がったのだ。不意を突かれた鎌田はあわてて一塁ベースカバーに走ったが、わずかに間に合わなかった。公式記録員の私は「ヒット」と判定、ボタンを押し、電光掲示板に「H」が出た。

神宮球場のネット裏はグラウンドより一段低くなっているので、低目の球が非常に見にくい。ネット裏の他の連中から「振り逃げじゃないか」というので「H」の点灯を消して球審と法大ベンチに確認を求めた。球審が「バットに当たった」と認めたので正式に安打と発表した。

振り逃げで、一度は「H」消滅、記録員右往左往——と翌日のスポーツ紙の見出しとなったが、とにかく珍プレーにあわてたことは事実。

結局許した走者はこの内野安打の一人だけ。つづく打者を二ゴロ併殺打にうちとって打者二十七人の準完全試合だった。

一人の走者だけの「無残塁」の準完全試合は結局三人であるが、慶大・渡辺泰輔は失策と安打の二人の走者をいずれも併殺打でうちとり二十七人の〝無残塁〟の記録を残している。

走者二人を出しての渡辺のような〝無残塁〟は昭和三年春、明大・中村峰雄投手が対法大1回戦で、戦後すぐの昭和二十一年秋、早大・岡本忠之が対立大1回戦でやっており、渡辺のあと八三（昭和五十八）年秋、法大・西川佳明が対立大2回戦に記録している。

天皇杯と三度の天覧早慶戦

東京六大学野球の誇るべきものの一つは硬式野球界で唯一の〝天皇杯〟が授与されていることだ。プロ野球にも甲子園の高校野球にもない。六大学だけが、リーグで優勝すれば〝天皇杯〟を手にすることができるのである。

東京六大学野球連盟は一九二五（大正十四）年に結成され、翌一九二六年十月二十三日に神宮球場の完成奉納式が行われた。当日摂政宮（昭和天皇）が台覧され、野球の発展のために、当時の球界最高レベルだった東京六大学リーグに摂政杯を授与されることになった。

しかし第二次大戦のため一九四三（昭和十八）年に六大学野球連盟は解散した。当時の文部省は「野球は敵性スポーツなり」と弾圧、六大学リーグの解散の厳命、甲子園の全国中等野球大会も中止となった。

このとき〝摂政杯〟をどうするかと宮内省に打診、文部省はお節介にも「当方で配慮するから」と小笠原道生体育局長（東大野球部ＯＢ）がいってきたが、内村祐之理事が断わる一幕もあった。結局宮内省に預けることになる。

戦後の一九四六（昭和二十一）年春、六大学野球が復活、六月に〝摂政杯〟を受領。これがきっかけとなって、その秋〝天皇杯〟を拝受することになった。天皇杯下賜は六大学が最初であり、それも自慢の一つ。

昭和22年秋、慶大が優勝し、天皇杯をうけた。加藤進主将（右）と筆者。

最初に天皇杯を手にしたのは四六年秋に優勝した早大の岡本忠之主将。岡本はいわゆる快速球投手、ノビのあるストレートをビシビシと低目にきめる本格派投手でこの秋10勝1敗、このうち7試合をシャットアウト、しかも11試合を完投して四球8だった。1シーズン10勝は不滅の快投記録である。

二番目に手にしたのが私たちの慶応で四七（昭和二十二）年は春、秋とも連覇した。春は大島信雄投手、秋は加藤進捕手が主将だった。秋に優勝したときは天皇杯が加藤主将、連盟杯は私が受けとった。閉会式のあと当時まだピカピカの天皇杯を両手に持って記念写真をとったことを思

昭和25年11月6日、昭和天皇、香淳皇后両陛下が早慶2回戦をご観戦になった。
両陛下がグラウンドにお立ちになり、天皇陛下はスタンドの歓声に応えられた。

昭和25年秋の早慶２回戦をご観戦の昭和天皇、香淳皇后両陛下と皇太子殿下（現今上天皇陛下）義宮殿下（現常陸宮）。後列に東宮御教育掛であった小泉信三先生の顔が見える。

い出す。

さらに六大学が誇るべきは三回の〝天覧試合〟である。これも球界では六大学だけ、他のスポーツにもない。

最初は一九二九（昭和四）年の秋のリーグ戦のあとの十一月一日、第五回神宮体育大会に昭和天皇が行幸になり、野球は六大学リーグの1、2位校の早慶戦を御覧になった。

秋の早慶三回戦には早大・佐藤茂美の劇的な逆転3ランがあって、早大が優勝したあとだけに慶大が奮起。宮武三郎投手が力投して早大を2安打で完封した。

平成6年春の早慶2回戦をご観戦になった天皇、皇后両陛下。

宮武—小川の対決など早慶戦の人気が沸騰点に達していたころだ。翌年には入場券を求める人たちで大混乱が予想され、〝入場券の抽選制〟の実施に踏み切ったほどであった。

二度目はそれから二十一年後の一九五〇（昭和二十五）年十一月十六日の早慶2回戦の行幸啓である。天皇（昭和天皇）、皇后（香淳皇后）両陛下と皇太子殿下（今上陛下）、義宮様（常陸宮様）と御一家がご観戦になった。

このゲームは早大・末吉俊信、慶大・平古場昭二の投手戦となり、早大が七回岩本尭（元巨人）の三塁打と末吉の快打で1点をあげ、それを末吉投手が守り切った。

そして四十四年ぶりの天覧早慶戦が平成六年の五月二十九日に実現した。天皇、皇后両陛下は午後二時、神宮球場にお着きになり、試合を五回から九回終了までと、天皇杯授与の閉会式までの長時間にわたってご熱心にご観戦になった。

ご説明役を務めた相田暢一連盟理事は
「陛下が落ちる球を〝あれはフォークボールですか〟と質問されるなどご関心の高さに驚いた」とエピソードを披露、皇后陛下も校歌演奏時に「校歌はいいものですね」と笑みを浮かべられていた。

このゲームは高木大成（西武）、丸山泰令が早大・織田淳哉投手からホームランを打ち、小野正史―井深有投手の継投で慶大が5―2で快勝している。高橋由伸はこのとき1年生だったが、三塁手、5番で出場、この日は3打数、ノーヒットだった。

再び神宮に活気を

戦前はもちろんだが、戦後も昭和二十年代は後楽園のプロ野球より六大学の神宮球場の方が観客が多かった。あの頃は年間、つまり春と秋の2シーズンで五十万人ずつ、合計百万人以上の入場者があった。

早慶戦に優勝がかかることが多かったためで、それが下降線をたどりはじめたのは立教の四連覇のあとからである。

立教の四連覇というのは、杉浦忠、長嶋茂雄、本屋敷錦吾の三羽烏を中心にした昭和三十二年の春秋2シーズン、五代友和、森滝義己両投手を主力にした三十三年の春秋の2シーズンに優勝したときのことだ。

この四連覇をさかいに六大学リーグ戦の入場者が下降線をたどりはじめたのは、長嶋のプロ野球界入りとおおいに関係がある。プロ野球の人気がこの超大物の加入で高まってきたからだ。

全盛時代の立教は付属の小学生まで動員して応援していたが、その小学生ばかりでなく立教の学生が球場に来なくなって激減したのがまず目立った。

息を吹き返したのは昭和三十五年春、秋とも早慶で優勝が争われたからだ。秋にはあの早慶6連戦があった。

6連戦というのは早慶戦に2勝1敗で早大が勝ち、早慶同率となって優勝決定戦に持ち込まれた。それが二試合とも延長戦の末に引き分け、やっと通算6試合目で早大が勝ったのである。

たしかにこの6連戦で六大学の人気は盛り返した。しかしその後、早、慶が弱くなるにつれて入場者がまた減少しはじめたのだ。とくに早大が弱いシーズンはとくにひどかった。

各校とも学生を動員する努力はしており、東大などは駒場の教養学部から神宮球場までスクールバスを往復させるなど力を入れていた時期もあった。

とくに一般学生の神宮ばなれが目立っている。優勝がかかるとドッと集まってくるが、普通のゲームには無関心だ。日曜日より土曜日の方が学生数が多い、というのも面白い現象である。

そんなこんなで、現在の入場者数は全盛時代の四分の一ぐらいであろう。

各野球部とも、学生動員のために努力はしている。慶応などはパンフレットをつくって、学校で配っている。

ずっと昔、タイムトンネルをさかのぼると、昭和四年秋のリーグ戦。早慶の対立を中心にリーグ戦は興奮の極に達した。その春和歌山中のキリン児、小川正太郎投手の入学で勢いを盛り返した早大のチーム力が急上昇する。早慶無敗のまま秋の優勝を賭けた早慶戦での小川正太郎と慶大・宮武三郎の対決は凄絶そのものだった。

いまでは想像もできないが、この秋の早慶戦は〝満天下の注目と話題〟を集め、東京新橋演舞場で新国劇が「早慶決戦の日」を上演したほどだった。佐藤茂美選手の逆転3ランがとび出し、決勝戦に勝った早大は、6シーズンぶりに優勝を飾った。

戦後も昭和三十二年秋の興奮が甦ってくる。六大学史上〝不世出〟の名三塁手、長嶋茂雄の最後のシーズンだった。おそらく〝たったひとりの男〟のバットがあれだけ興奮を呼んだことはなかった。

歴史を書き換えるように宿命を背負わされたのは、男子の本懐、とも思われたが、心の不安と外部からの圧力に耐え抜いて、ついに学生生活最後の試合で〝8号の歴史的アーチ〟を放ったのだ。打とうする長嶋、打たせまいとする各校投手陣、この角逐がリーグ戦の球趣をいっそう盛り上げた。

しかしいまは小川正太郎や宮武三郎、あるいは長嶋のような〝英傑〟は見当たらない。最近では田淵幸一の本塁打記録を破った高橋由伸ぐらいだ。

高橋の前に田淵の本塁打記録に挑戦した岡田彰布らがいたが、同じ三塁手でも長嶋のような〝燃え上がるムード〟が感じられなかった。ひとそれぞれの性格なので、これはどうしようもないことだが、岡田やそのあとの大森剛たちにしても闘志むき出しで打席に立つという気迫が感じられなかった。

闘志むき出しということが、必ずしもいいこととはいえないかも知れないが、このところ六大学リーグではなにか一つ物足りない感じがつづいている。個人個人に強烈な個性が感じられないせいか、各校とも独特のカラーが感じられないのだ。

たとえば早慶6連戦時代の早大は、安藤元博投手がそうだったように、一見〝泥くさい〟粘り抜く闘志がチーム全体に充満していた。

慶応にはスマートさがあった。明大と法大にはともに野武士のようなたくましさがあった。立大には技巧があり、東大にも闘志と迫力があった。

いまはユニフォームがそれぞれ違うだけで、中身はどこも同じという印象が強い。大学そのものが特色を失ったといわれる現代では野球のチームだけに伝統のカラーを望むのは、無理なのだろうか。

仮に中身が同じ個性に乏しいとしても、闘志満々のプレーをみせてほしいものだ。

それとゲーム展開のテンポがのろのろしてきたような気がする。試合が早ければいいというわけではないが、まず打者は、ベンチのサインを見るために、いちいちボックスから出ないようにしてもらいたい。昔はサインが簡単だったからパッパッとベンチの意志が伝わった。いまはサインが複雑なため、ボックスを出て、ジーッと見ている。あれでは観戦している方はじりじりしてくる。

投手の無用と思われる〝けん制〟の繰り返しもそうだ。そしてバッテリー間のサインのやり直し。時間を食う。イライラする。一塁走者に何度も何度も〝山なり〟のけん制。打者の気勢を外すのが目的のように見える。すると打者はボックスから出る。この繰り返しだ。

テレビのアメリカ大リーグの試合中継を選手諸君も見ているだろうが、あれを見習ってほしい。ムダのない野球。これを一つ心がけてほしい。

慶応のOBであり、スポーツ・ジャーナリストとして活躍する青島健太君が雑誌「大学野球」で、

「いかにして魅力ある野球部にするか、を考えることが大切だと思う。あの大学に行ったら野球以外にこんなことができるというようなシステムなり環境を整備することが必要だ。いわゆるスポーツ・エリートを育てるというのもひとつの魅力づくりじゃないかと思う。野球で超一流になることもその一つだが、日本のスポーツ界をリードし、なおかつ世界に通用するというような人物もある意味でスポーツエリートである。例えば投手をやりながらピッチングというものを科学的に分析してメジャーから声がかかるようなコーチング技術を身につけるというのもひとつの道じゃないかと思う」

と非常におもしろい意見を発表している。

慶応野球部が前田監督時代にアメリカ遠征を実施して以来、現在も四年に一回、アメリカ遠征を行っている。これなども成功した魅力づくりの一つである。当時海外遠征は画期的なことだったが、弱かった慶応が遠征後きちっと結果を出している。

魅力ある野球部とともに、リーグ全体も魅力あるものにしなければならない。しかし現在の当番校制では積極的な妙案は出てこない。

そこで一つ提案——。

現在の勝ち点制を尊重して、勝ち点だけで優勝をきめたらどうか——。

すなわち現在は同じ勝点4同士であれば、勝率によって優勝を決めている。それを勝ち点だけにして同じ勝点4のチームが2チームあれば優勝決定戦に持ち込んで優勝を決めるのだ。

戦後、昭和二十三年に勝ち点制が採用されて、すぐその春、早大と明大が優勝決定戦、そして二十六年春は勝ち点4の慶応が早慶戦で勝ち点3の早大に敗れたため、早、慶、立三校が勝ち点4同士で並び、優勝決定戦に持ち込まれたことがあった。

早立戦は早大が4—0、慶立戦は1—0で慶大がシャットアウト勝ちし、結局早慶で優勝が争われることになり、大いに盛り上がり結局早大が延長11回、広岡達朗の決勝打で3—2で勝って優勝している。

このように勝ち点（勝率に関係なく）制を尊重すれば当然優勝決定戦のチャンスが多くなる。優勝にひびくゲームが多くなれば、当然リーグ戦はもり上がる。

Column

オール慶応をつくってみれば…

慶応義塾野球部はことし（平成十二年）で創部一一二年。そこで「一一二年のオール慶応」をつくってみた。

投手は一番勝ち星をあげた宮武三郎（元阪急）がNO・1だろう。それに藤田元司（元巨人監督）、〃パーフェクト男〃渡辺泰輔（元南海）、三連覇のヒーロー萩野友康（新日鉄）と志村亮（三井不動産）の両左腕。

捕手は戦前では小川年安（元阪神）と桜井寅二、戦後では125安打で通算安打史上2位の堀場秀孝（元広島）と強肩・大橋勲（元巨人）。最近の人では高木大成（西武）を加えたい。

一塁手は戦前の山下実がピカ一。通算打率3割5分9厘（史上3位）の松下勝実、3割5分6厘（史上4位）の大森剛（元近鉄）、3割2分5厘（史上11位）の西岡浩史（東芝）ら。それにパ・リーグのホームラン王になった中田昌宏（元阪急）と8ホーマーで長嶋茂雄と並んだ広野功（ロッテコーチ）の強打も。この二人は外野手に廻しても良い。

二塁手は戦前の本郷基、戦後はベストナインに四回選ばれた江藤省三（元巨人）と佐々木信也。高校野球連盟会長、OB会三田倶楽部会長の牧野直隆は腰本寿監督を補佐するヘッドコーチへ。

三塁手は名手水原茂（元巨人監督）と宇野光雄（巨人）。戦後では青島健太（元ヤクルト）と仲沢伸一。遊撃手は大館盈六に戦後の安藤統夫（元阪神監督）、石黒和弘（元東京）がいるが、ここは通算打率3割2分5厘（史上8位）の山下大輔（横浜コーチ）が攻守の実績からトップ。

外野手は別当薫（元大洋監督）と六大学史上最高の本塁打を放った高橋由伸（巨人）の二人は文句なし。盗塁王の小林宏（東京ガス）も通算打率3割2分5厘(史上11位)、俊足を買ってぜひ加えたい。俊足好打といえば二度首位打者になった榎本博明も。また22試合連続安打の山村泰弘も落とせない。

6	山下大
5	宇野
8	別当
3	山下実
DH	宮武
9	高橋
7	中田
2	大橋
4	江藤

史上最高の豪華メンバー

昭和三十年のアジア野球選手権はフィリピンのマニラで行われ、六大学選抜軍が日本代表として出場した。当時の六大学のレベルは高く、大学球界は勿論のこと社会人を含めてもトップレベルにあったからスンナリと代表として認められた。

このチームのメンバーはとにかく豪華版。球史に残る陣容だった。

◇投手…秋山登（明大―元大洋）、杉浦忠（立大―元南海）、木村保（早大―元南海）、原田靖男（東大）

◇捕手…土井淳（明大―元大洋）、酒井敏明（早大―元中日）

◇一塁手…中田昌宏（慶大―元阪急）、近藤和彦（明大―元大洋）

◇二塁手…佐々木信也（慶大―元高橋ユニオンズ）

◇三塁手…長嶋茂雄（立大—巨人監督）
◇遊撃手…岩岡保宏（明大—元大洋）、中野健一（法大—元毎日）
◇外野手…森徹（元中日）、衆樹資宏（慶大—元阪急）、沖山光利（明大—元大洋）、宮崎義郎（早大）

宮崎、原田を除いては全部プロ入り、しかも一年目からプロで活躍し、タイトルをとったスタープレイヤーばかりだ。

こんな選抜軍だったから強いこと、強いこと。5—0、7—0と第一、二戦は完封、あとは9—3、13—0、15—3と大勝、韓国にちょっと苦戦した以外はワンサイドの6戦全勝で優勝した。佐々木、沖山が1、2番を打ち、森、長嶋、衆樹、中田とつづく打線は破壊力抜群だった。とくに長嶋は6試合で24打数、12安打、7打点と打ちまくった。12安打のうち本塁打1、三塁打2、二塁打4と半分が長打であった。

ほかの選手は途中で交代したが、長嶋だけは全試合、全イニング出場と大ハッスルだった。

二塁手として活躍した佐々木信也は、

「このメンバーはほんとうにすごかった。プレーしていて全く楽しかった」

とふりかえる。

このメンバーがいかにすばらしかったか——。プロ入り後の活躍の跡をちょっぴり紹介しよう。秋山は25勝で新人王。佐々木は高橋ユニオンズに入り、弱小チーム中のただひとりのスター選手、よく打ち、よく走り、打撃ベストテン上位にすわりつづけた。「新人王確実」といわれたが、驚異的なペースで勝ちつづけた西鉄・稲尾和久投手にタイトルをさらわれてしまった。

中田は阪急入団2年目から4番を打ち、一九六四年に本塁打王。森もすぐさま中日の5番を打ち、翌年からドッシリと4番にすわった。新人王こそ長嶋にとられたが、2年、3年目はともにホームラン、打点両部門で長嶋を上まわった。

衆樹は毎日—阪急で活躍。攻、守、走三拍子揃ったスタープレイヤーだった。近藤和彦はバットを寝かせる独特の打法でよく打ち、セ・リーグ打撃10傑の常連だった。同期の長嶋と激しい首位打者争いを演じ、3年連続して2位だった。

そういえば長嶋も杉浦もこの遠征のときは大学2年生だった。入団初のオールスター。″ゴールデンボーイ″長嶋と″スーパールーキー″杉浦の対決には興奮した。全パの三原監督が杉浦を先発させると、全セの水原監督はなんと長嶋を1番に起用するという大サービス。この勝負長嶋が右前タイムリー打を放って長嶋の勝ち。

このルーキーの一年、杉浦は22勝12敗で新人王。長嶋は打率3割5厘、28本塁打、92打点。本塁打王、打点王で新人王になった。新人で打点王になったのは長嶋だけだ。

この二人をはじめあのメンバーの活躍がプロ野球の発展に大きな弾みをつけただけに、この六大学選抜軍のことが忘れられない。

六大学にはすごい選手がいた。それに強かった。人気もあった。

どうした早慶!!

平成十一年春は久しぶりに早大が優勝したが、平成六年から十年までの10シーズンで優勝したのは法政の5回がトップで明治4回、そして慶応1回である。六大学はまさに〝明法時代〟だ。慶応は平成九年春、高橋由伸主将のときに9シーズンぶりの優勝、そのあと2位、2位、3位、3位と一応Aクラスをキープしているものの、早大は4位、3位、5位、4位とBクラスを低迷、野村徹新監督を迎えて、11シーズンぶりにやっと優勝した。だから伝統の一戦、早慶戦は最近もう一つ盛り上がらなかった。昔はどんなときでも大観衆を集めたのに、いまは二万ちょっととスタンドに空席が目立つ。慶応が優勝した九年春と早大優勝の十一年春は四万余と大観衆が集まったが、ここ数年リーグ戦はまるで尻切れトンボのよう。なんとなく寂しいままに終わっているのだ。

そこで早慶の奮起を望むために大先輩の記事をここに紹介してみよう。
それは昭和四年十一月三日付の東京日日新聞（現毎日新聞）に載った橋戸頑鉄記者の一文だ。頑鉄氏とは本名橋戸信、第1回早慶戦（明治三十六年）の早大の主将、その先駆者が次のような提案をしたのだ。

――今秋のリーグ戦前半は、試合に活気が充満し、打者もよく当って、接戦また接戦。これは面白くなると喜んでいたが、早慶戦を峠としてガラリ一変、その後見ごたえあるべき慶明戦、慶立戦、明法、明立など、どこかにフワフワした所があるように思われて、気の乗らぬことおびただしかった。秋のリーグ戦は早慶戦にさらわれた感がある。ことのここに至る理由はいうまでもなく早慶戦を中途にやるからであるから、何とかしてこの二チームがリーグ戦の最後にカチ合うような相談はできないのであろうか。リーグ

平成9年春の優勝パレードで、天皇杯を掲げて学生たちの拍手にこたえる高橋由伸選手。右は鳥居慶応義塾長、左は丸山野球部長。

の一チームとしては、いずれも同等の権利を主張したいのは無理もないが、実際早慶戦は背景、伝統、景気などが、他のものに比して特殊のものを持っているのだから、是非ともリーグ戦の興味を最後まで持ち越すように、特別扱いをしてあと回しにして貰いたい。けだしリーグ戦の共存共栄上からみて、決して無理な注文ではあるまい——。

頑鉄氏のこの提案が実現したのは昭和七年秋のリーグ戦からで、その後野球統制令により一年1シーズン制になってこの線は崩れ、昭和十年春に早慶戦最終試合制は復活する。

頑鉄氏が自信満々、天下の公器に自分の主張を書いたのには、それだけの背景があったからだ。その当時の早慶戦の人気は大変なものであった。当時の新聞からその一片を——、

——午前4時を過ぎて省電、市電の初発が動き出すころには信濃町、青山三丁目、四丁目、千駄ヶ谷方面からは駆け足で、来る電車、電車は人を運んで、忽ち二万余の大群衆となってしまった。この頃から四谷署などからの警官隊が繰り出して整理に当たったが、とても制し切れない。やっと四ヶ所の売り場の口に、一列ずつに並べて長蛇の陣をつくり、午前8時半から売りはじめたが、われ勝ちをあせる群衆の列がしばしば崩れて、またしても混乱に陥った。僅々30分で売切れの札がはり出された。買えない人々が怒号する。リーグ戦当事者にねじ込もうと力むもの、警官にくってかかるもの、なかなか立ち去らなかったが、警官等に制されて、正午前名残惜しそうに追々と潮を引くように去った——。

試合当日のことではない。試合前日の前売り券発売時の騒ぎの報道である。

黄金時代の慶応は昭和3年アメリカ遠征、ロサンゼルスで。後列左から宮武、山下、腰本監督、直木、梶上、伊藤、中列左から福島、三谷、町田、本郷、野村、島本、前列左から楠見、浜崎、村川、加藤、岡田、浜井。

このように早慶戦の人気が沸騰点に達し、昭和五年には〝入場券の抽選制〟まで導入している。しかも抽選申し込みは予想を上回って二十三万枚というから驚く。ダフ屋まで出現、一円券を五円で買い、十円から十三円五十銭の価格で販売する有様、新橋演舞場で新国劇が「早慶決戦の日」を上演、まさに〝早慶戦狂騒曲〟だった。

いかに早慶戦の人気、実力があったか——この記事などからひしひしと感じられる。

それがどうだろう。ここ数年、リーグ戦はまるで尻切れトンボのように寂しい。頑鉄がいまも存命なら、

「リーグ戦の興味を最後まで持ち越すように、早慶戦を特別扱いするのは、やめて貰いたい。」

としめくくるであろう。

昔のように全国の逸材が、早、慶に集まるような時代ではない。東京六大学そのものも天下の最高峰だった時代は、とうに過ぎ去っている。六大学がもう一度、かつての栄華をとり戻せというつもりはない。ただ六大学の歴史だけは守ってほしい。

六大学は早、慶を中心に集まった仲間が、対抗戦で腕を磨き合ってきたのだ。早、慶が強かったからこそ、いまの仲間が慕い集ってきたのである。大学野球の対抗戦の先駆者だったから、そして強いのが伝統だったからだ。その伝統が崩れていったら、どうなるだろうか。

〝早慶不振〟が六大学全体の凋落につながるとは、重大主義すぎる考え方かも知れないが、六大学の歴史のなかに置かれる早慶の存在価値はたしかに大きい。

〃早慶打倒〃の執念を燃やして明、法そして立教が台頭してやがて天下をとる。早慶がこれを取りかえす。この繰り返しが六大学の歴史である。

現在の早慶ナインにそういった気概が果たしてあるのだろうか。最終カードにふさわしい実力と試合内容。それに対する自覚を持ってさらに努力すべきだし、闘志を燃やす必要があると思う。

Column

奪三振数では江川が最高

六大学で一番三振を奪った投手はやはり江川卓（法大―元巨人）。一年秋に本格デビューすると、7シーズン連続50三振以上を奪い、通算443奪三振。二位の三澤興一（早大―巨人）にかなりの差をつけてトップ。

だが、三振奪取率では三澤が8・35でそれまで最高だった鈴木哲（慶大―西武）の8・14を抜いて一位に躍り出た。

現在慶大のエース山本省吾は平成十二年春まで244イニングス投げて238奪三振。通算三振数では11位で、到底江川に及ばないが、先輩志村亮の295に迫っている。しかも三振奪三振率では8・79でトップ。平成十二年秋の最後のシーズンで快投記録を刻み込むことができるか？

通算奪三振ベスト10

三振数	1試合の奪三振率		
443	7.11	江川　卓	（法）
402	8.35	三澤興一	（早）
396	6.75	織田淳哉	（早）
334	6.94	秋山　登	（明）
317	6.21	野口裕美	（立）
311	7.75	川上憲伸	（明）
295	6.94	志村　亮	（慶）
368	6.76	片田宣道	（立）
266	7.33	和田　護	（法）
248	7.80	藤井秀悟	（早）
238	8.79	山本省吾	（慶）参考
199	8.14	鈴木　哲	（慶）参考

さらば青春の安部球場

早稲田大学野球部のシンボルだった安部球場（東京都新宿区西早稲田）が昭和六十二年限りでなくなり、十一月二十二日同球場で「お別れ早慶戦」が行われた。

明治三十五年の建設以来、飛田穂洲氏の一球入魂野球の〝道場〟として、さらに学徒出陣の壮行試合「最後の早慶戦」の舞台となるなど、早大野球の象徴も八十五年の幕を閉じた。

お別れ早慶戦はファンが外野にまで及んで四千人、スタンドには伊達正男、南村侑広らの早大OBの顔、顔、顔……。消えゆく早稲田マンの心のふるさとを惜しむ姿が目立った。関係深かった慶応の関係者の人も多数つめかけ、石川忠雄前塾長をはじめ野球部OBたちも別れを惜しんだ。

試合終了後は〝さらば安部球場〟のエール交換とこぶしを振りあげての両校の校歌大合唱、涙に目をうるませながら、OB、ファンたちが球場に別れを告げた。

早大野球部の創部は明治三十四年。翌三十五年、安部磯雄野球部長が大隈重信総長にグラウンド建設を直談判してできたのが戸塚球場。敷地四千五百坪（約一万四千八百五十平方㍍）。桑畑、ミョウガ畑を農家から借り受けてのスタートだった。

大正十四年に改修工事を行い、二万五千人収容のスタンド、ナイター設備を持つ立派な球場になった。

しかし先の戦争のときに鉄の供出などで壊された。昭和二十四年、安部氏の死去の際に、その功労を記念して「安部球場」と改称された。

早慶戦のスタートは明治三十六年。第一回が行われたのは三田綱町グラウンドだったが、その3回戦が明治三十七年完成した戸塚球場で行われたのだ。

しかし学生の熱狂が度を越して明治三十九年に中止となる。大正十四年、二十年ぶりに早慶戦が復活、その歴史的なゲームが行われたのも戸塚球場だった。復活戦、慶応は二年間早大に負けつづけた。

有名な〝本郷の落球事件〟もこの戸塚。二塁手本郷基の落球でサヨナラ負け。妙齢の美人が試合後、涙を流し、しばらく球場にたたずんでいたという話が残っている。

屈辱的な敗戦の煮え湯をのんだ慶応は昭和二年大補強作戦を展開して、〝打倒ワセダ〟を果たす。宮武三郎、山下実、水原茂らのちに一世を風靡した精鋭が集まったからだ。うらみがつもっていただけにナインの喜びはもちろんのこと、応援団は天地がひっくりかえるような騒ぎであった。

六大学リーグは昭和に入って神宮球場が本舞台となったが、早慶戦の創世期のあれこれを知っているのが戸塚の安部球場であった。

球場サヨナラ記念のゲームが行われたあと、「蛍の光」のメロディが流れたとき、あの四十四年前の感激の場面が私の目の前に浮かび上がってきた。

それは昭和十八年の十月十六日だった。戦争が激しくなり、六大学リーグ戦が中止された。しかし早大も慶応も各校とも練習をつづけていた。

私はちょうどそのころ慶応の野球部にいた。合宿では一番下の新人だった。やがて学徒出陣の名の下に戦場へ送り出される日が来た。

「このまま戦場に行くのは残念だ。なんとか最後の思い出に早大と最後の一戦を交えたい」

ということで、早大と交渉、かなり紆余曲折があったが、十月十六日安部球場で実現の運びとなったのだ。

試合終了後、両校の応援団、選手はともに両校の校歌、応援歌を歌った。

「このつぎは戦場で会おう、しっかりいけよ」

と励まし合う。そして「海行かば」の厳粛な歌声は大合唱となって球場を包み、早稲田の杜をゆるがした。

あの感激は五十七年経ったいまも忘れることができない。

「さよなら安部球場」の日に集まった学徒出陣早慶戦のメンバー。後列右から片桐、相田、笠原、阪井、大島、伴、矢野、水野、菅瀬、谷村。前列右から本城、松尾（筆者）、河内、伊藤、増山、柴野、森。

「さよなら　安部球場」の日。学徒出陣の最後の早慶戦に出場したメンバーが何人か集まった。そして記念写真をとり各自がグラウンドの土を持ち帰った。私もいま植木鉢にその土を入れて保存している。早大のＯＢだけではなく、慶応にとっても別れのつらい球場であった。

Column

オリンピック出場の六大学選手

ことしのシドニー五輪には現役選手では法大の広瀬純*外野手が出場、ＯＢでは野上修（明大—日本生命）、平馬淳（法大—東芝）両内野手の三人。コーチに長崎慶一（法大—元大洋—阪神）。

ことしは四人と六大学関係者は少ないが、過去四大会の出場者を並べてみよう。

▽一九八四年ロスアンゼルス五輪
監督　松永怜一（法大—住友金属）、コーチ　鈴木義信（慶大—東芝）、鴨田勝雄（法大—元法大監督）、投手　西川佳明*（法大—元南海）、捕手　秦真司（法大—ロッテ）、内野手　広沢克己*（明大—阪神）、福本勝幸（早大—東芝）、上田和明*（慶大—元巨人）

▽一九八八年ソウル五輪
監督　鈴木義信（慶大—東芝）、コーチ　山中正竹（法大—法大監督）、鈴木哲（慶大—元西武）、石井丈裕（法大—元西武）、捕手　応武篤良（早大—新日鉄君津）、内野手　大森剛*（慶大—元巨人）

▽一九九二年バルセロナ五輪
監督　山中正竹、コーチ　野端啓夫（慶大—三菱三原）、投手　小檜山雅仁（慶大—横浜）、捕手　三輪隆（明大—オリックス）、内野手　大島公一（法大—オリックス）、小島啓民（早大—三菱長崎）、外野手　坂口裕之（明大—日本石油）

▽一九九六年アトランタ五輪
投手　三澤興一（早大—巨人）、川村丈夫*（立大—横浜）、捕手　大久保秀昭（慶大—近鉄）、外野手　高林孝行（立大—日本石油）

＊は在学中の出場

六大学夢のオールスター戦

六大学出身のプロ野球の現役選手は何人いるのだろうか。明大の十五人が最高で四十四人だ。

明大出身の星野監督率いる中日は昨年（平成十一年）六人もいたが、東瀬投手が近鉄、鳥越遊撃手がダイエーに移って四人。巨人の福王内野手と西武・今久留主捕手が退団したものの、木塚投手が横浜に、的場捕手がダイエーに入って人数は昨年と同じ十五人。

昨年まで大学部門でトップだった法大はヤクルトの小早川一塁手、阪神・松井外野手、ダイエー若井内野手が退団、日本ハム・石井投手が台湾のプロ野球へ移り四人も減った。アメリカの独立リーグのランバージャックスで野球センスを磨いた快足・宮崎二塁手が巨人にテスト入団して結局十四人。

早大は藤井投手がヤクルトに入り、一人増加。慶応は近鉄・大森一塁手が退団したため一人減。

六大学出身のプロ野球選手（平成12年）

	中日	巨人	横浜	ヤクルト	広島	阪神	ダイエー	西武	オリックス	ロッテ	日本ハム	近鉄
明治15	武田 川上 筒井 小笠原		木塚	檑渕		カツノリ 広沢	鳥越 的場	平塚	三輪 柳沢		中村	東瀬
法政14		宮崎	中根 矢野 福本	稲葉 副島	瀬戸	葛西	福山		大島	諸積 秦		高村 真木
早稲田8		仁志 三澤	小宮山	藤井			大越			石井	荒井	水口
慶応4		高橋	小檜山					高木大				大久保
立教1			川村		広池							
東大1											遠藤	

現役六大学出身選抜軍

5	仁　志	（巨）
8	諸　積	（ロ）
9	高　橋	（巨）
3	石　井	（ロ）
7	広　沢	（神）
2	高木大	（西）
DH	稲　葉	（ヤ）
6	水　口	（近）
4	大　島	（オ）
P	川　上	（中）
	小宮山	（横）
	川　村	（横）
	武　田	（中）

なお大学部門では明大と東北福祉大が十五人でトップ。三位以下は法大、駒大十四、青山学院十三、亜大十二が上位を占めている。

独断と偏見でプロ野球の〝六大学出身選抜軍〟をつくってみよう。投手陣は小宮山（横浜）、川村（横浜）、川上（中日）、武田（中日）、真木（近鉄）と好投手が並び、先発は豪華版、三澤（巨人）、小檜山（横浜）が中継ぎ、矢野（横浜）を抑えに。ルーキーの左腕藤井（ヤクルト）、木塚（横浜）も楽しみだ。

捕手は広島・瀬戸、オリックス・柳沢らがいるが、打力を買ってここは慶応時代捕手だった高木大（西武）に。内野陣は外野にくらべて人数も少ない。外野陣は高橋（巨人）、諸積（ロッテ）ははずせない。一塁手の広沢をレフトに。DH要員はヤクルトの稲葉、副島と西武・平塚、中日・筒井、近鉄・大久保ら。

この〝オーダー〟をつくっているとき、二十五年前の〝六大学夢のオールスター戦〟を思い出した。東京六大学野球連盟創立五十周年を記念して昭和五十年十一月八日、神宮球場でプロ入りした六大学OBたちの紅白戦が行われたのだ。なつかしい〝六大学の星〟たちが全員集合して神宮の森は沸きに沸いた。

往年の六大学の花形プレイヤーでプロでも活躍している人たちが、母校のユニフォーム姿でプレーしたわけで、これこそ六大学ファンにとっては〝夢の球宴〟だった。

六大学が生んだ〝時代の英雄〟長島茂雄が十八年ぶりに帰ってきた。白地に濃紺のタテじま、

田淵（元阪神）選手からバッティングについて指導をうける後藤慶大監督（右）と平野東大監督。

なつかしい立大のユニフォームに巨人時代の〝栄光の背番号3〟が鮮やかに浮きぼりされていた。この長島のほかに秋山（明大―大洋）、杉浦（立大―南海）、藤田（慶大―巨人）、広岡（早大―巨人）に当時現役の田淵（法大―阪神）、山本浩（法大―広島）、谷沢（早大―中日）、山下大輔（慶大―大洋）らが参加した。

試合前に選手のひとりひとりが紹介され

「この人がいるから六大学OB戦になります。唯一の東大OB、現中日の井出峻選手です」

とアナウンスされると割れるような拍手が起きた。

紅軍が長島がサードで4番。田淵がキャッチャーで6番、内野陣は山下、土井（立大―巨人）で二遊間を固め、外野に山本浩、長池（法大―阪急）、長崎（法大―大洋）と先発メンバーは豪華版、白軍は三遊間が小森（早大―ヤクルト）、広岡、一塁手谷沢、外野に千藤（早大―日本ハム）、高田（明大―巨人）、江尻（早大―大洋）とこれまたすごいメンバー。スターの再現にスタンドは大喜びだった。

紅軍は杉浦が先発し、関根（法大―巨人）、藤田らへリレー。白軍は秋山から早大勢の宮本（南海）、八木沢（ロッテ）、高橋（日本ハム）、小坂（日本ハム）、小川（巨人）、安田（ヤクルト）へ。七回から出てきた藤田は現役時代の華麗なフォームそのままのピッチングだったがコントロールが乱れた上に暴投のおまけまでつけ、とくにコーチ時代同僚の荒川博（早大―ヤクルト）に中前打されたときの大げさなくやしがりようにはスタンドも大笑い。

紅軍（慶、法、立）は前半リードしたが最後のしめくくりに出た当時現役の江本（法大―南海）が白軍（早、明、東）の4、5番、現役の早大コンビ谷沢、千藤に打たれて、白軍の逆転勝利となった。

プロのドリーム・ゲームの前に社会人、現役の紅白戦が行われ、0―0の引き分けに終わった。このチームにもその後プロ入りした選手が多くいた。山本巧児（法、現ロッテ監督）、江川（法大―巨人）、山倉（早大―巨人）、吉沢、八木（いずれも早大―阪急）、岩井（法大―大洋）ら、そうそうたるメンバーだった。

快晴に恵まれたとはいえ、四万八千人の大入り。徹夜組も出るほどの大人気に、さすが六大学リーグという〝伝統の重味〟が感じられた。

その後結成70周年にもOBのプロ野球選手が集まる記念ゲームが行われている。

平成七年の十一月十四日、このときは六大学の現役選抜軍と六大学OBとの対戦だった。大学生とプロの選手が対戦する初の試みでOB選抜軍の指揮をとったのが巨人・長島監督。中日・星野監督もコーチとしてベンチ入りした。

このときのプロOB選抜軍のメンバーは、

投手は小宮山（ロッテ、早大）が先発し、織田（巨人・早大）、武田（日本ハム・明大）、猪俣（阪神・法大）、鈴木哲（西武・慶大）、小檜山（横浜・慶大）、舟山（日本ハム・明大）へリレーした。

④	大　島	（近鉄・法大）
4	鈴　木	（ヤクルト・早大）
⑦	金　森	（ヤクルト・早大）
H 7	古　沢	（ヤクルト・明大）
⑧	平　塚	（オリックス・明大）
8	諸　積	（ロッテ・法大）
DH	岡　田	（オリックス・早大）
PD	西　田	（広島・法大）
PD	小早川	（広島・法大）
PD	若　井	（ダイエー・法大）
⑨	稲　葉	（ヤクルト・法大）
③	大　森	（巨人・慶大）
5	福　王	（巨人・明大）
⑥	水　口	（近鉄・早大）
⑤3	鳥　越	（中日・明大）
②	柳　沢	（巨人・明大）
2	高　田	（オリックス・法大）
H 2	木　戸	（阪神・法大）

現役チームでは中村豊（明）、副島（法）、高木（慶）に当時2年生だった高橋由伸が出場、先発の川上（明）も2年生で立ち上がり大島、金森らに打たれて6点をとられた。プロ選抜は二回以降も西田、稲葉、大森らの快打で着々と加点し、10―5で快勝した。

この″ドリームマッチ″はこの年の幹事校の慶大が発案し、連盟サイドがプロ側に働きかけて実現した記念ゲーム。ウイークデーにもかかわらず、一万六千人の観衆が集まり、六大学から巣立ったスーパースターや学生たちのプレーに拍手を送った。

ちょっとこのところ意気上がらない六大学、それだけにできるだけ多くの機会をとらえて、こういった企画を計画し、リーグ全体を盛り上げていくべきだ。

新世紀の名勝負

一九九八（平成十）のセ・リーグの「新人王争い」は最後まで沸きに沸いた。

〝黄金のルーキー〟高橋由伸（巨人）がすべてに水準以上のプレーをみせ、好打、好守、全力疾走で人気を呼ぶ。それに初登板、初勝利の中日・川上憲伸や〝肝っ玉ルーキー〟といわれた広島・小林幹英がハーラーダービーの上位に躍り出るなど、ルーキーたちの〝ハツラツプレー〟が球趣を大いに盛り上げたのだ。

とくに感動したのは高橋―川上のプロ初対決だった。神宮からドームへ代わっても火花を散らした二人の名勝負にはゾクゾクした。

高橋の第1打席は川上が145キロのストレートで攻めたてる。第2打席も強気のピッチング。そして第3打席はフォーク。高橋はそれを打ち損なって、結局3打数、ノーヒット。プロの第1ラウンドは川上の気迫勝ちだった。

一年目の二人の対決は結局川上に軍配が上がり、3割をマークした高橋は僅少差で〝新人王〟を川上に譲ったが、最近にない興味津々の新人王争いだった。

何故このプロ初対決のときにゾクゾクしたかというと、大学時代、立大の投手が7連続敬遠四球したように、高橋は六大学のほとんどの投手から勝負してもらえなかった。しかし当時明大のエースだった川上だけは違っていたのだ。どんなときでも逃げず真っ向から勝負に出ていたのである。

それだけに大学時代から二人の対決には異様な興奮をおぼえたものだ。

高橋は入学したそのシーズンから5番、三塁手でデビュー、川上も一年生の春に4試合登板はしているものの、東大戦にいきなりホームランを浴びたショックなどもあって、慶大戦には登板しなかった。高橋との最初の対決は二年生の春だった。2回戦で初めて先発に起用され第1打席は一ゴロにうちとったものの、第2打席ではライトへホームランを浴びている。このあと右飛が2本で結局4打数、1安打、1本塁打。

川上はこの春（九五年）、4勝1敗でエースにのし上がり、秋には6勝1敗で優勝の立役者となった。この秋の1回戦では高橋を3打数、ノーヒットに抑えて4—0のシャットアウト。一日おいて再び先発した3回戦では2—1で慶大に完投勝ちの力投だった。しかし高橋には二塁内野安打、右前安打、中前安打、四球と3打数、3安打された。

九六年春は高橋が三冠王に輝いたシーズン。

それだけに対川上戦も1回戦は右中間の大ホームランを含めて3打数、2安打。唯一の敬遠四球もある。高橋の強打で慶大が先勝したものの結局1勝1敗の決勝戦は川上の好投で明大が4―1で快勝している。高橋は右前安打1本の3打数、1安打だった。

四年生になった二人はともにキャプテンに選ばれ、慶応はその春（九七年）9シーズンぶりの優勝をとげるが、ニガ手となった明大には勝ち点を奪えなかった。

高橋は1回戦の四回川上の初球、内角やや高目140キロのストレートを狙いすましてフルスイングすると一直線に右翼スタンドに突き刺さる同点のアーチとなった。3回戦では第一打席に一塁強襲の内野安打を打って先制点のきっかけをつくったが、その後はフォークを多投されて凡退、きっちりと借りを返された。

「この春、入学以来初めて明治より順位が上に行けた。でも勝ち点は1回もとれなかったのが残念だった。川上が投げていたら、3点取られると厳しい展開になるから、守っていても気が抜けなかった。明治は慶応とやる時、最初からのんでかかっている気がする」

と高橋はふりかえる。

結局通算では32打数、11安打、打率・344で3本塁打。

「肝心なところで打たれたという印象がある。由伸の勝ちだなあ」

と川上。

「でも一試合に1本ずつぐらいしかヒットは打っていないと思う。そんなに打っているという気はしなかった。三振も取られているし……」

と高橋がいうように、とくに印象に残った逆転打といったようなものも少ない。

興味深いのはホームランを打ったあとの打席で川上は三振を奪っている。そこに川上の意地がうかがえるのだ。

また相手投手の四球攻めにあっていた高橋にとって、川上はストライクゾーンで勝負してくれる数少ないピッチャーの一人であったことだ。

「でもそのストライクゾーンに来る球が、一番打ちにくいピッチャーだった。憲伸と対戦する時は、どっかでヒット1本打てればいいやと打席に入ってました」

と高橋。四年生の春の3戦目。リードされていた九回二死で高橋が打席に入ったとき、「これは狙うしかないなあ」と思ったが、相手も当然それは承知のはず。それに早打ちだということも。だから高橋はフォークから入ってくると読んでいた。そう簡単にはストライクを投げてこないだろう、と思ったら、それが初球、真ん中のストレート。高橋はびっくりして手が出なかった。

「あれを打てなかったことが僕の負け」

と言ったのを思い出す。プロ入り後の対決でもこれと同じような場面が二度、三度あり、川上の度胸の良さに驚かされた。

二人の対決にはそういう相手の心理を読み合ったりする駆け引きの面白さがある。

「由伸には特に気をつかった。慶応は彼さえ抑えておけば、というイメージがあるから、他のチームの投手も高橋だけは全力で向かっていたようだ」（川上）

「相手はまともにぶつかっていって、そうそう打てる投手じゃない。だからいろいろ考えて打席に立ちましたね」（高橋）

大学時代から二人には火花を散らす投、打の対決があったから、われわれも興奮したのだ。

プロ入り一年目は川上が22打数、1安打と高橋を抑えた。高橋は痛烈な〝返礼〟を食らったわけであるが、その一本が東京ドームの上段に叩き込んだ痛快な135メートルアーチだったのだ。高橋は「川上をあまりにも意識しすぎた」と反省している。川上が二年目に前年ほどの成績を残さなかったのに対し、高橋は打率・315、98打点、34本塁打とすべて前年を上回って二年目のジンクスをはねとばした。

ライバルはライバルを育てる。新世紀の名勝負、二人のはげしいライバル・ヒストリーはいよいよ佳境に入っていく……。

東大の好投手たち

一九九九（平成十一）年プロ野球のドラフト会議で一、二位選手より話題になったのが日本ハムが七位で指名した〝赤門エース〟東大・遠藤良平投手。記者会見場の安田講堂には七十人を超える報道陣が詰めかけ、傍らには蓮實重彦東大総長の姿もあった。

東大生でありながら「なぜ生存競争の激しいプロ野球に」と不思議に思う人も多いだろうが、理由は簡単、遠藤の野球に対する情熱だ。心底から野球が好きなのである。

「六大学で野球をやろう」と心に決め、「東大でなら神宮のマウンドに立てる可能性が高い」と判断し、一浪の後、入学。一年生の春からリーグ戦に登板し、東大の歴代五位となる通算8勝をマークした。身長173センチ。体重70キロと体は小さいが、130キロ台のストレートにカーブ、スライダーなどの変化球が持ち味。二年時には慶応の四年生だった高橋由伸（巨人）を9打数、2安打に抑えた。三年秋には早大から十五年ぶりの勝ち点を挙げ、四年春には明大戦連敗を九十二で止めた。

三年生のころから「プロへ行きたい」と就職活動は一切せず、進路をプロ一本に絞っていたようだ。そんなとき、週刊誌の記者が「遠藤はプロでやれるだろうか」と聞いてきた。

「速球は130キロ前半だが、切れのいいスライダーと抜群のマウンド度胸がある。中継ぎの役割が大きい現在のプロ野球では左腕で切れ味鋭い変化球があれば使える。変化球に磨きをかけ、スクリューボールなど落ちる球をマスターすること。もう一伸びしたら通用する」

と答えたことがある。

青山学院大の左腕エース、石川雅規から武器のスクリューボールを教わったが、最後の秋のシーズンは勝ち星に恵まれなかった。それでも四試合に完投、相手のエースと最後まで投げ合うなどチームの柱としての最低限の仕事をやってのけた。

「とにかくプロに行きたい。最高のレベルで野球をやってみたい。その一点だけです」

と真剣な目で語っていた。そういった野球に対する情熱を日本ハムは買ったのであろう。

「ドラフトのときは東大の合格発表より緊張した。野球を始めたころからの大きな夢がかなったことがすごくうれしい」

オートレースで活躍中の兄と同じプロの世界へ。「金銭面など自分の要求は何もなし」で即決入団。

「現時点ではプロで通用する武器などない。いま持っているボールの精度を上げるか、新球を覚えるか、ウイニングショットを身につけないと……」

と言うが、七年前に東大からロッテ入りした同じ左腕の小林至投手より投球術はかなり上。心底野球が好きな遠藤はどんな苦境に立ってもハートで乗り越えていくに違いない。頑張れ!! 遠藤!!

遠藤投手は東大史上五位タイの8勝をあげたが、東大で最も多く勝ち星をあげたのは岡村甫投手である。

昭和三十三年春に3勝をあげる快挙をみせたのをはじめ、毎シーズン勝ち星を稼いで17勝をあげている。

彼は身長170センチ、体重59キロと投手としては細身で小柄。土佐高の一年生のとき「練習に耐える自信がない」と一度は入った野球部を退部、三年になって再入部したほどである。

当時の神田順治東大監督が合宿の賄いのおばさんから「土佐高の投手で大変な秀才がいる」という話を聞き、調べてみると、夏の高知県大会の準決勝でKOされた先発投手を二回からリリーフ。春のセンバツに出場した高知商をピタリと抑えている。早速部員のひとりをスカウトに派遣した。

そして工学部に入学。神田監督は「体力のない彼を生かすには変則投法しかない」と考え、当時日立製作所のエースだった東大OBの蒲池信二に預けた。蒲池は東大で6勝、社会人野球で大活躍した好投手だった。その後同社専務となった人。

岡村が「地面をはっていって浮き上がる球を投げたい」と、サイドスローから下手投げに変えたのは中学三年のとき。以来コーチを受けたのは蒲池からのみ。「蒲池さんがたった一人の師匠です」と笑う。徐々に〝蒲池投法〟に切り替えていってから球威、コントロールがよくなり、昭和三十三年春には3勝3敗の〝好デビュー〟を飾り、秋には4勝をあげた。そして最上級生となった三十五年春、初戦の立大1回戦こそ死球押し出しで1―2で敗れたが、2、3回戦に見事なリリーフぶりをみせて連破、さらに優勝候補の早大との1回戦も1―0と完投シャットアウトして3連勝。マスコミは〝東大旋風〟と書きたてた。

2回戦には東大のゲームとしては史上空前の五万の大観衆が神宮球場のスタンドを埋めた。試合は0―1で惜敗したが、ホップするストレートと沈むシンカーを巧みに操ってのピッチングはファンをうならせたものだ。

「僕の持ち味は直球と落ちる球、いまで言うスプリット・フィンガード・ファスト・ボール。打者の持ち味を読んで、その逆を投げるのが特徴でした」

とふりかえる。

数年前まで東大工学部教授。野球部の監督、部長もつとめた。岡村の専門は土木工学で、力を注いだのはコンクリート開発。その道では日本を代表する学者である。現在は高知工科大学副学長。

東大の戦後の好投手といえば岡村のほかに山崎諭、蒲池、原田靖男、吉田治雄それにプロに行った新治《にいはる》伸治、井手峻、最近の西山明彦、大山雄司、市川武史らを思い出す。

山崎は終戦直後の復活六大学リーグで史上初の2位の快挙をやってのけた。戦前と戦後にわたり12勝。日本興業銀行に勤めていたが、五十一歳になって転職した。

「銀行屋に向いていないと感じていたし、人生七十年とすれば、残りの三分の一を好きな野球をしていたかった」

とまず近くの私立高校に自分を売り込んで歩いた。そんなとき興銀の先輩から松前重義東海大総長を紹介され、その誠実な人柄を気に入られて長野県の東海大三高へ。

「倫理社会を教え、自分の人生体験や戦争をすべきではないなんて話もしました」

校長となって念願の野球部監督に就任する。ノックもやったし、打撃投手もやった。昭和五十五年春に甲子園へ出場している。十年間校長兼監督、その後大阪の東海大仰星で五年、東海大相模で三年間校長をつとめた。

吉田治雄は東大100勝目を含めて7勝を稼いだ人。東映エージェンシー社長などを経てテレビ朝日の役員に。

岡村が黄金時代を築いたあと8勝をあげたのがプロ1号となった新治。ホエールズに入り、プロ四年間で9勝6敗。新治の次のエース井手は在学中4勝。三菱商事の内定を蹴ってプロ2号となった。十年で引退、コーチなどを経て、球団フロントに入り、現在広報部長代理。

「プロに進んだ後悔はない。ずっと好きな野球のそばにいることができて幸せだったし、楽しかった」

昭和五十六年春、東大は早、慶両校から勝ち点の快挙。その立役者が大山で通算10勝。工学部出身の大山は三菱重工業長崎造船所時代、平戸島と生月島を結ぶ全長960㍍の「生月大橋」の設計を手がけた。

満塁ホーマー

平成十一年春、法大の広瀬純が満塁ホーマーを打ったが、これはリーグ史上64本目。その満塁の上に〝サヨナラ〟がつくのはわずか4本。戦前2本で戦後昭和年代ではなかったが、慶大の大森剛（元巨人）が平成元年の明大1回戦の十回、真ん中寄りの速球をガツンと叩くと、白球は一直線で右翼スタンド中段に突き刺さる五十三年ぶりの歴史的なサヨナラ満塁弾となった。

続いて五年春、早慶戦九十年を記念するかのように、早大の仁志敏久（巨人）が二死満塁サヨナラ弾の離れワザをやってのけた。仁志はこの日3試合連続のソロで同点としたばかりか、九回二死満塁の最高の場面で、慶大・西田知之投手のフォークを捕らえて左中間スタンド中段に運ぶ早慶戦史上初の劇的打を放ったのだ。

なお、64本の満塁弾の中で東大選手の打ったのは昭和五十九年春の朝木秀樹の1本だけ。朝木は通算4ホーマー。それが満塁、3ラン、2ラン、ソロと打って〝サイクルホーマー〟となる幸運。なお、山口高誉（立大―本田技研）は満塁弾を3本も打っている。

満塁ではないが、サヨナラホーマーはいままで41本。そのサヨナラ弾に〝逆転〟が頭につくとなると、わずか9本しかない。

この中で最も劇的でいつまでも忘れることができないのが松岡雅俊（早大―東映）の一打。昭和三十年秋の早明2回戦は明大・秋山登（元大洋）に抑えられて、早大は八回まで1安打、0―2で敗色が濃厚だった。

逆転サヨナラホーマー

①河合	君次	（早）	大15春	明❶
②松岡	雅俊	（早）	昭30秋	明❷
③江藤	省三	（慶）	昭40春	立❸
④池田	和雄	（慶）	昭46春	法❸
⑤加藤	哲也	（立）	昭57秋	法❷
⑥伊吹	淳一	（法）	昭59秋	慶❶
⑦河本	榮樹	（早）	昭62春	立❷
⑧山田	修大	（立）	平3春	慶❷
⑨根鈴	雄次	（法）	平10春	慶❶

しかし九回裏、中儀飛で1点差に迫る。二死で打席に入った松岡は「秋山君の球は速かったので、打てる自信はなかった」と半分あきらめの境地だった。第1球外角の速球にチョコンとバットを出すと、ライトへの平凡なファウルフライ。明大の谷井昭三右翼手がボールの落下点ですでに構えている。「あーあ、万事休す」と思ったとき、谷井はポロリと落球してしまったのだ。命拾いした松岡が1―1後の直球を痛撃すると、白球はレフトへすっ飛んでいった。平凡なフライをポロリと落球。こんな後に得てしてヒットが出ることが多いが、このようにゲームをひっくり返すような一打は全く珍しい。

明大の現在のつつじケ丘のグラウンドは昭和三十五年に造られたが、島岡監督は神宮球場とそっくりそのままの大きさと向きで設計を依頼した。谷井が太陽に目をさえぎられて落球したことが大変なショックであり、同じ向きで日ごろから練習しておこうという狙いが含まれていた。

Column

長嶋親子が最高安打

六大学の父子選手というと立大の長嶋茂雄・一茂が有名であるが、この二人は一年生から出場し、合計通算安打では親子選手中最高の数字を残している。

父が87安打、子の一茂が86安打で合計173安打。一茂は立大の4番として11ホーマーと活躍したがヤクルト、巨人ではスラッガーぶりを発揮することができなかった。二位は早大の荒川博（元巨人コーチ）・堯（ヤクルト）の171安打、打率ではこの二人がトップ。

平成十一年明大を卒業した辻竜太郎（ヤマハ）は父・哲也（元中日）と合計165安打で3位にくい込む。

立大の高林恒夫（巨人、産経）・孝行（日本石油）は合計157安打で四位。孝行はプロには行かなかったが、全日本に選ばれ、アトランタオリンピックに出場した。この5組が親子ビッグ5だ。

		試合	打数	安打	打率	3割回数	本塁打
荒川博	（早）	81	290	81	.279	0	1
堯	（早）	71	268	90	.336	5	19
合計		152	558	171	.306	5	20
高林恒夫	（立）	50	181	56	.309	2	0
孝行	（立）	98	372	101	.272	3	7
合計		148	553	157	.283	5	7
鶴岡一人	（法）	88	331	99	.299	5	2
泰	（法）	57	214	57	.266	1	3
合計		145	545	146	.268	6	5
長嶋茂雄	（立）	96	304	87	.286	3	8
一茂	（立）	101	382	86	.225	1	11
合計		197	686	173	.252	4	19
辻　哲也	（明）	76	263	79	.300	3	1
竜太郎	（明）	81	307	86	.280	3	4
合計		157	570	165	.289	6	5

三冠王

打率、打点、本塁打の三部門でトップという〃三冠王〃は今までリーグで十二人。そうそうたる強打者ばかりだ。戦前は本塁打があまり出なかったので話題にもならなかったから、注目されたのは戦後から。

その第1号になった衆樹資宏外野手のことを書いてみよう。

慶応の戦後の〃天才的プレイヤー〃といえば阪神―毎日で強打をふるった別当薫と巨人の高橋由伸、それにこの衆樹だと思う。脚、肩、センスともに抜群。打つだけではなく、守って走れる、攻守走三拍子揃った名選手だった。

どちらかといえば勝負強い中距離打者タイプ。勝つ気が体からあふれて、ピチピチしており、華麗な色彩を発散した当時の六大学のスタープレイヤーだった。

湘南高校時代は豪球投手として鳴らし、甲子園にも出場、慶大では打力を買われて外野手に。二年生の春から5番を打ち、中田昌宏（元阪急）とともに慶応の主軸として活躍した。三年生の春には首位打者となり〝三冠王〟。その年のアジア大会に出場した。このときの日本代表、六大学選抜軍は長嶋茂雄（巨人監督）、土井淳（元大洋）、佐々木信也（元大毎）、中田らに秋山登（元大洋）、杉浦忠（元南海）の投手陣とまったくすごいメンバーだった。ほとんどプロ入りして一年目からチームの看板選手となった人ばかりだった。六大学の選抜軍、いや全日本軍としてもこのときのチームが史上最強だったかもしれない。

衆樹は毎日オリオンズに入り、後に阪急へ。昭和三十七年の開幕戦。試合開始のファンファーレが鳴り響く中、トップバッターの衆樹は初球をレフトスタンドにホームラン。この二年後、南海の杉浦投手からも開始直後の初球ホーマー。派手な先頭打者アーチを二度もぶっ放したのはいかにも衆樹らしい。

昔はいい意味でも悪い意味でも〝侍〟がいた。衆樹もその一人。〝血の気〟の多いタイプでたびたびトラブルを起こした。六大学リーグ戦でファウルと思った打球がフェアと判定されて、塁審をつき飛ばしたこともあった。大毎時代には交通事故で同乗のモデルさんをケガさせたり、タクシーの運転手を殴ったり、武勇伝は数が多い。阪急時代には当時の西本監督にくってかかったこともあった。

衆樹は平成十一年六月二十五日肝硬変で亡くなった。65歳であった。

「衆樹はマイペースで生きていたから、幸せな人生だったと言えるでしょう」と慶応―阪急とチームメートだった中田。数年前三田倶楽部（慶応野球部のOB会）のコンペで会ったのが最後だった。

平成に入ってからは四人。平成六年秋、慶大・丸山泰令（三菱自動車岡崎）は、最後の早慶1回戦の八回、早大・織田淳哉（巨人）から左翼へ同点の2ラン。個人一シーズンタイの6号となったばかりか、年間最多記録を十一年ぶりに更新する春秋通算11ホーマーとなる。しかも、打点でも明大・中村豊を抜いて三冠王に王手をかけた。2回戦は早大・三沢淳（巨人）にノーヒットに抑えられていたが、九回に左翼二塁打して逆転のきっかけをつくる。伝統の一戦、史上初の屈辱をはねのけたばかりか〝三冠王〟を確実にする貴重な一打となった。

つづいて平成八年春、慶大・高橋由伸（巨人）がやってのけた。高橋はこのとき三年生。全試合に連続安打し、最後の早慶2回戦には4打数、4安打を打って打率・512で首位打者を決める。5本塁打、18打点と断トツの三冠王だった。

三冠王

	シーズン	打率	打点	本塁
小島　利男（早）	昭９	.362	19	2
大館　盈六（慶）	昭16春	.394	9	1
衆樹　資宏（慶）	昭30春	.432	16	1
槌田　誠三（立）	昭41春	.444	16	3
後藤　寿彦（慶）	昭50春	.389	16	4
岡田　彰布（早）	昭53秋	.487	14	4
小早川毅彦（法）	昭55春	.429	18	4
大森　剛（慶）	昭63春	.500	16	6
丸山　泰令（慶）	平６秋	.408	13	6
高橋　由伸（慶）	平８春	.512	18	5
広瀬　純（法）	平11春	.432	13	3
後藤　武敏（法）	平12春	.455	14	2

昭和50年春、三冠王に輝いた後藤寿彦選手（慶大）。

最も新しいのは十二年春の法大・後藤武敏一塁手。あの松坂大輔の強かった横浜高の3番バッター。冬場からウェイトトレーニングで筋力をつけ、背筋力は300キロ、体重も入学時より6キロ増の86キロ。このパワーで戦後10人目の三冠王に輝いた。

一番すさまじい争いを繰り広げたのが慶大・後藤寿彦のとき。早慶戦までは早大・佐藤清が4割3分2厘でバットマンレースは独走の感。後藤は3割4分9厘のベストテン7位だった。ところが、早慶戦で後藤のバットが火を噴く。4号アーチを含めて4打数3安打。本塁打で2本、打点で4点と佐藤に差をつけ、打率も2位へ。2回戦はともに1安打。三冠王の可能性は3回戦の両者に残された。

ところが、佐藤がすっかり硬くなって4打数ノーヒット。後藤は四球、死球、第3打席は右前へ鮮やかなタイムリーヒットを放って、遂に佐藤を抜いた。八回は力んで一邪飛。打率は3割7

分9厘と落ちて明大・川口啓太（明大コーチ）と並ぶ。このまま終わればタイで三冠王。ところが、九回表二死から五度目の打席が回ってきたのだ。ヒットを打てば文句なしの三冠。だが、失敗すれば首位打者の夢が消える。

早大・谷井潤一投手の配球と山倉和博捕手（元巨人）のリード、内野手の守備位置から初球はスライダーと感じ、その読み通りの初球を狙い打つと会心の一打は三遊間を速い球足で抜けていった。

3割8分9厘、4ホーマー、16打点。まさに最終打席の大勝負、男の意地を懸けたひと振りだった。その秋あの江川卓（法大―元巨人）から延長十二回決勝ホーマー、また早慶戦は史上最高の延長十八回。そのドラマの決着をつけたのも後藤だった。執念のタイムリー打が右前に走り、大熱闘にピリオドを打ったのだ。現慶大の監督の後藤の現役時代はこのようにここ一番に強い選手だった。

史上最強の打者

六大学リーグで史上最強の打者は誰か——。

「戦前では宮武三郎だ。戦後はやはりミスター・ジャイアンツだろう」という声が多い。実力の比較はなかなか難しいので、在学中の打撃成績からみようということで、まず通算3割以上を打った人を拾ってみた。宮武は3割8厘を打っているが、意外や意外！　ミスターの名前がない。8ホーマーのレコードを作ったときの大騒ぎなどを振り返ってみると、3割は打っていると思うのは当然だ。だが、長嶋は立大時代は浮き沈みがあって、打てないときは何ゲームかノーヒットと波が大きかった。二度首位打者になりながら、四年間の成績は304打数87安打の2割8分6厘に終わっている。

通算の最高打率は岡田彰布（早大—阪神二軍監督）。一年生の春の法大戦に代打で出て、左前へクリーンヒットする鮮やかなデビュー。江川卓にも強く、二年生春を除いてレギュラー七シーズン中、六シーズン3割台をマーク、首位打者にもなった。

岡田に次いで2位は谷沢健一（早大—元西武）。二年生の春から六シーズン連続3割台をマークした。三年生の春に首位打者、この一年間で40本のヒットを打つ。

平成七年秋、明大優勝の原動力となった中村豊（日本ハム）は3割5分5厘を打って大森剛（慶大—元巨人）に次いで史上5位。116安打（5位）、63打点（10位）と、歴代のベスト10に入っているのは立派。それでは在学中一番多くヒットを打ったのは127本の高田繁（明大—巨人二軍監督）である。入学したばかりの春の立大戦で代打に出て、遊撃左の内野安打。次のゲームから一番に抜てきされ、その秋から七シーズン連続ベストナインに選ばれた。二年生の春首位打者、毎シーズン、コンスタントに打った。

通算100安打

①高田	繁	（明）	127
②堀場	秀孝	（慶）	125
③松下	勝実	（慶）	123
④高橋	由伸	（慶）	119
⑤岡田	彰布	（早）	117
⑥中村	豊	（明）	116
⑦石井藤吉郎		（早）	114
⑦小早川毅彦		（法）	114
⑨篠原	一豊	（立）	111
⑨谷沢	健一	（早）	111
⑨大森	剛	（慶）	111
⑫山村	泰弘	（慶）	108
⑫宮原	実	（早）	108
⑫金光	興二	（法）	108
⑮安藤	統夫	（慶）	107
⑯山崎	弘	（立）	106
⑰高木	大成	（慶）	103
⑱山下	大輔	（慶）	102
⑲石原	照夫	（立）	101
⑲小林	宏	（慶）	101
⑲高林	孝行	（立）	101

通算打率ベストナイン
（200打数以上）

①岡田	彰布	（早）	.379
②谷沢	健一	（早）	.360
③松下	勝実	（慶）	.359
④大森	剛	（慶）	.356
⑤中村	豊	（明）	.355
⑥広沢	克己	（明）	.351
⑦小島	利男	（早）	.343
⑧石井藤吉郎		（早）	.342
⑨長崎	慶二	（法）	.341
⑩高橋	啓二	（明）	.339
参考	別当薫	（慶）	.356

（戦時中のため試合数が少ない）

これを追ったのが慶大の堀場秀孝（元広島）と松下勝実。特に堀場はあと2本と猛追した。入学直後の開幕戦にいきなり4打数4安打の〝猛打賞〟にはベンチもスタンドもびっくり。六シーズン3割台、全試合、全イニングフル出場した。

最近では、慶大の高木大成と高橋由伸が〝100安打クラブ〟に仲間入り。由伸は通算打率3割2分5厘、200打数以上では18位、300打数以上では高田（明）についで9位だった。戦前の最高は99安打の鶴岡一人（法大―元南海）。あと1本出れば100安打と3割を達成していた。

島岡学校の優等生

あと一歩で逃した2シーズン連続の首位打者

先日、日本テレビ系列の〝知ってるつもり〟で島岡吉郎明大元監督が取り上げられた。島岡学校の優等生、高田繁君（巨人二軍監督）が出演。私もゲストで出て、高田君と久しぶりに旧交を温めた。

島岡さんは明大野球部のために全力投球した人である。ひたむきな情熱と信念を持ち、その一生懸命さが多くの人をひきつけた。

そしてグラウンドではわめき怒鳴り、顔面を鬼ガワラのように紅潮させ、豆タンクのように動いた。ピンチやチャンスが訪れると、

「死ぬ気でやれ」

「死んでも塁に出ろ」

「いいか、なんとかせい」

とゲキが飛ぶ。島岡監督のくいつきそうな顔でこういわれると、選手たちは、〃よし、なんとかしよう〃と闘志がこみ上げ、必死で投げ、そして打ったのだ。

とくに若いころは〃口より手のほうが早く出た〃と秋山登（元大洋監督）や星野仙一（中日監督）は口を揃える。そんな中で、なぐられなかったのは高田ただ一人といわれている。

テレビの司会者関口宏さんが、

「高田さんもやられましたか」

と聞いたが
「いや、私は一度も……」

と答えていた。それほど高田は真面目で素直な選手で、たしかに模範的な優等生であった。

プレーは派手だが、私生活は実に堅実。酒もタバコもやらないし、今の奥さんも中学時代の同級生。それ以来の愛情を大切に育てて結婚したほどだ。

高田は六大学リーグの通算最多安打の記録者である。つまり在学中一番多くヒットを打ったのだ。昭和三十九年春から四十二年秋までに127安打を記録した。入学したばかりの三十九年春の立大1回戦の六回に代打で登場、いきなり俊足を生かして遊撃左の内野安打、つづく打席も右前安打してデビューを飾った。そして、次のゲームからトップバッターに抜てきされる。

その年の秋は57打数17安打の打率・298でベストテン入り。そしてベストナインに選ばれる。ベストナインといえば高田はこの一年生の秋から卒業するまで7シーズン連続ベストナインに選ばれている。回数も最高だが、在学8シーズン中7連続はすごい。不滅の快挙だ。

二年生の春は45打数18安打の打率・400で首位打者。そしてその秋もすべり出しから好調で、最終カードの対法大戦までは・459と二位に大差をつけ、連続首位打者は手中にした感じだった。

それまで二度首位打者になった人は長嶋茂雄（立大―巨人）ら五人いたが、連続は〝前人未到〟だった。

ところが伏兵が現れた。高田が法大1、2回戦で6打数1安打と打率を降下させている間に立大の谷木恭平（元中日）が東大戦で8打数5安打と固め打ちして・421となり、首位に躍り出たのだ。

高田は残る法大3回戦に、5割以上を打たなければならない。第一打席遊飛だったが、第二打席はレフト前ヒットで逆転、そして五回の一死二塁の第三打席のとき、島岡監督は、「バントのうまい高田なら、悪くても犠打、うまくすればヒットで打率をかせげる」と思い「バントしてもいいぞ」と伝えた。しかし高田は〝打たせてください〟とその〝温情〟に反抗した。最後まで正々堂々と勝負したいというのだ。

結果は遊ゴロ。やや三塁寄りだったので俊足の高田は懸命に走り、記者席で見ていた私は

「セーフ」と思ったほどのきわどさだった。つづく打席も中飛、左飛に終わり、大記録の夢は消えた。

翌日のスポーツ紙ではこの遊ゴロは「ミスジャッジ」だったと写真が掲載された。高田にとってはまことに気の毒な判定だった。

島岡監督は、

「その写真を見ても高田は一言もグチをこぼさなかった。あいつは偉い男ですよ」

と言ったことを思い出す。

その後も四十一年春は54打数19安打の・352、秋は50打数18安打の・360と5シーズンベストテン入り。四十二年春は48打数14安打の・292で11位と連続は消えたが、秋には53打数16安打の・302で9位に入った。

守りの〝名手〟がみせたレフト線の打球処理

結局シーズン、コンスタントに打って4年間で102試合、127安打で・331という高打率を残した。

安打数はそれまでの早大・石井藤吉郎（元早大監督）の114安打を上回って最高。打率は石井の・342についで歴代第2位だった（その後岡田彰布＝早大―阪神―オリックスが・379の最高打率を記録）。通算安打はその後も高田を上回る人は出ていない。ただ今年の春三冠王になった慶大・高橋由伸が85安打を記録し、高田の127本に挑戦している。あと3シーズンあり、高橋の記録が話題を呼びそうだ。

また、高田は盗塁のレコードをつくった。通算48盗塁でそれまでの明大・永井馨の42盗塁を破ったのだ。しかも、失敗が2回だけというのがすごい。

この盗塁数はその後、早大・松本匡史（元巨人コーチ）に破られ、それも慶大の小林宏（東京ガス）が塗りかえた。

プロ入りしてからも攻、守、走三拍子揃った好選手だったがとくに守りは〝名手〟といわれた。レフト線のいわゆる二塁打コースの打球処理に関しては彼の右に出る者はいなかった。クッションボールの処理など抜群にうまかった。いつも最短距離を走り、すごいダッシュで打球を処理してしまう。

当時阪神の田淵幸一が打った三塁線突破の快打、抜かれた長嶋三塁手は「ファウル、ファウル」と叫んだが、高田は矢のような送球で田淵を二塁でタッチアウトにしてしまった。長嶋は思わず、三塁審判に向かって〝フェア、フェア〟と叫ぶ。いかにも長嶋らしいが、高田がどれだけ〝名手〟だったかがわかる話だ。

学生時代から守りなれたセンターからレフトにまわされて、まず最初に練習したのはレフト線のクッションボールだった。これをマスターするために正月を返上して努力したという。

川上監督から長嶋監督に替わった2年目、今度はレフトから三塁へコンバートされた。そしてまた努力、努力。再び正月返上の猛練習が始まった。多摩川にある雨天練習場にいけば黙々と練習する高田の姿があった。雨の日も風の日も寒風が吹き荒れる日も高田がいたのだ。

島岡学校の優等生は巨人に入っても真面目で純粋さを正面に出してわが道をまい進した。

いくら王や長嶋が食事に誘っても、コーチが外へ連れだそうとしてもダメなときはダメ。麻雀仲間には絶対加わらなかった。

しかし他人に嫌われもせず、反対に好かれ、先輩もマスコミの人たちにも好印象を与えていた。

川上監督は、

「高田ほど手のかからない選手はいなかった」

と言う。神宮記者50年の私も「六大学リーグが生んだ最高の優等生」と太鼓判を押す。

（「週刊ベースボール」96年秋大学野球展望号）

1シーズンに133回を投げ抜いた鉄腕

連戦連投中に大リーグ・シールズと熱闘劇

昨秋、日米野球が東京ドームで開催されているとき、野球博物館で関根潤三（元ヤクルト監督、現野球評論家）の「トークショー」があった。日米野球百年を記念しての催しであり、その話題の中心は昭和二十四年のサンフランシスコ・シールズと東京六大学選抜軍とのゲームであった。オドールに率いられたシールズが戦後初のアメリカチームとして来日、その最終戦を藤田省三（元近鉄監督）を監督とした六大学選抜軍と行うことになった。

シールズは、それまで日本のプロチームを相手に赤子の手をひねるように6戦連勝。野球記者二年目の私は何試合か観戦して、本場の華麗なプレーに酔った。不思議と強く思い出すのが初めて飲んだコカ・コーラの味。日本ではまだ販売されておらず、多くの人はこの球場で初めて味わったのだ。

藤田監督をはじめ周囲も「勝負にはなるまい」と思っていたところが、2点先取された選抜軍が三回に同点に追いつくと、形勢は互角になった。先発した関根投手はゆったりとしたフォームからノビのあるストレート、外角をかすめるシュート、内角低めに鋭く決まるカーブを駆使してシールズにつけ入るスキを与えなかった。

「各校のエースが選ばれていたから初めは4、5回で交代させるつもりだったが、途中からは、こうなったら六大学の名誉に賭けてもという気になりました」（藤田監督）と関根を続投させる。

バックの守りには軍隊帰りの人も三、四人。「アメリカに負けるわけにはいかない」と闘志をむき出しにする人もいて、関根にハッパをかける。降板したくても降板できないハメになってしまったのだ。

こういった親善試合は、同点なら九回で引き分けが普通である。それが「ひょっとしたら」の声も出始めて、スタンドも関係者も「ヤレ！　ヤレ！」のムードとなって、結局、延長戦へ。その後も関根の力投が続いて十三回、二死走者二塁となる。

「そのときの遊撃手の蔭山和夫（早大―元南海コーチ、故人）がそばへ寄ってきて、〝おい、潤ちゃん、このバッターは打ちそうだから敬遠せい〟といってきた。だが、なーに、打たれるかいなと思って投げたら、打たれてしまった」（関根投手）

2対4の敗戦。

「ボクはね、関根を出したくなかったんだ。まだリーグ戦中でゲームが残っていた。ところがゲームが接戦、シールズに左打者も多かったし、関根の出来が良かったから引っ込められないんだ」と藤田監督。〝トーク・ショー〟の関根は「そのとき明大とやって、ウチが勝つと慶応と優勝決定戦になるはずだった。第1戦に勝って、第2戦が雨で中止。その翌日がシールズのゲームだった。そして中1日おいて明大との2回戦。その次が引き分け。そのあと負けて優勝できなかった。シールズ戦で肩がすっかりバテちゃいましてね」と振り返る。

とにかく連戦連投だったことは間違いないが、関根投手に少し記憶違いがある。シールズ戦は十月三十日、一日おいて早慶3連戦、そして十一月六日に明法2回戦が行われた。このゲームがすさまじい死闘となり、延長十回で明大が5対4のサヨナラ勝ち。七日の3回戦が3対3で延長十四回引き分け。そして第4戦も1対1で延長戦となり、十回明大が決勝点をあげて2対1。法大は無念の涙をのみ、結局、慶応が優勝した。優勝は逃したが、絵に描いたような美しいフォームで好投した関根に人気は集中、文字通り、六大学のエースとなった。

大学時代、75試合で通算41勝（歴代5位）

関根が投手になったのは日大三中の一年生のとき。当時、同校の監督だったのが藤田省三だった。その藤田が二塁手の練習をしている左ききの新人に気づき、きゃしゃだが柔らかでバネのある体に魅力を感じて投手に転向させた。しかし藤田が間もなく法大の監督となったため、二人の

六球会野球に出場したときの関根投手。

師弟関係は中断した。

昭和十九年に法大に入学。戦後野球が再開されると野球部に入り、二人の関係は復活した。二十一年春のリーグ戦、投手力の弱さから法大は最下位。そこで藤田は四番・ライトでデビューした関根を投手に仕立てようと本格的な指導を開始した。夏の北海道遠征では、同行した若林忠志（元阪神監督）のコーチを受けた。連日300球の投げ込み。そして秋には投手として再デビューした。そのときは3勝8敗。

昨年の秋、日米野球を観戦した私は、ゲーム前にこの「トークショー」を聞いていたが、話の途中で「そうでしょう、松尾さん」と何度か証言させられた。「この人は怖い人で、きびしく新聞でやられましたよ」とみんなに紹介したが、私は関根の美しいフォームと抜群のセンスをいつも称賛、酷評など一度もしたことがない。そういえば投手となった二十一年秋、朝日新聞の好村三郎記者が「やる気があるのかないのかわからない。もっとファイトを出して投げろ」と関根投手を叩いている。これに関根はカチンときた。

「冗談じゃないですよ。相手はシベリア帰りもいれば、陸士、海兵出もいる。二十歳ソコソコのボクには、みんな怖いオッサンだった。だからいつも死に物狂いで放っていました」

記事が発奮材料となり、猛練習の積み重ねが5シーズン目に優勝となって実を結んだ。

昭和二十三年秋、慶大を4安打、無四球の1点に抑えて好スタートを切り、結局、このシーズン、12ゲーム中10試合に登板、9試合を完投して9勝1敗、法大に9シーズンぶり、戦後初優勝をもたらした。1試合平均被安打4・3本、与四死球1・9個という見事なピッチングだった。打っても四番打者としてチャンスにしばしば快打を放つなど、投打にわたる活躍ぶりだった。

二十四年春は主将に推されたものの、不成績に終わったため主将を返上、秋の最後のシーズンに賭けた。

慶大戦こそ4連投も報われず1勝2敗1分と敗れたが、勝ち点3で慶大と並ぶ。そして前記の明大戦、シールズ戦の〝ハプニング?〟が起こって涙をのんだ。

結局、在学中に75試合に登板。41勝30敗、勝率5割7分8厘、8完封の成績。勝ち星41勝は歴代5位である。

最後の秋のシーズンは明大戦のように延長につぐ延長戦でなんと133回2/3を投げ抜いた。これはリーグ史上最高の投球回数で〝不滅の力投記録〟といってもよい。二十三年春は121回（史上3位）、二十四年春は101回1/3（史上17位）と、1シーズン100イニング以上を三度も記録した。スーパーマンのような鉄腕だった。

なで肩でほっそりした甘いマスク。もの静かな関根だが、見かけとは大違い。裸になると骨太でガッチリとした体。性格もシンが強くて粘っこい。それに野球がとにかく好きだ。恩師・藤田監督がいった。

「野球のムシという点では若林忠志と双璧だ。こっちがカンベンしてくれというまで野球の話をする」

力投の秘密はこんなところにあった。またソフトな語り口。関根のテレビ解説には、何ともいえない味がある。

（「週刊ベースボール」97年春大学野球展望号）

Column

投手で1番は二人だけ

東大が史上初の二位になったのが昭和二十一年春、その原動力となったのが二人の山崎。一人はエースの山崎諭だが、もう一人の山崎喜暉中塁手はその後ときどきマウンドにも立った。二十二年春の法大戦には投手として先発したが、いつものとおり1番を打った。スターティング・メンバーで投手、1番というのはその後もない。六大学史上では明大の田部武雄と二人だけ。田部はピンチになると遊撃手からリリーフに出ることが多かったが、昭和五年春の慶大戦に1番、投手として出場、七回に交代してショートに、八回から再度マウンドに戻り、勝利投手となった。

ホームラン記録に挑戦した男たち

今でこそ「満塁ホームラン」は史上何本目とか記録が話題になるが、戦前の東京六大学リーグでは〃記録〃はあまり整理されていなかった。それで、野球記者になって四、五年したころから「六大学の記録集」を作ってみようと思い立ち、暇を見つけては新聞社の資料室に閉じ込もった。

昔の黄色くなった新聞をひっくり返して、試合経過などからいろいろな記録を拾う。戦前の六大学の人気は大変なもので、いつもスポーツ面のトップを飾っていた。詳しい戦評だけではなく、1回ごとの試合経過も掲載されている。ほとんどの記録は、この「経過」からピックアップした。

まず最初に作ったのが「ホームラン記録」。大正十四年（一九二五年）秋に、六大学リーグがスタート。その第1戦の八回、東大の東武雄投手がレフトの柵を越して民家の屋根にドカーンと一発。この第1号から一本一本を拾っていったわけである。

昨年秋までに積み重ねられていったホームランは、２４０３本!! リーグ全体で通算２４０３本の虹が神宮の森にかかったわけであるが、そのうち戦前のものが144本である。

戦争中、慶応義塾の野球部に在籍し、戦後卒業してすぐ野球記者となり六大学リーグを取材、その後もリーグの公式記録員としてネット裏に座り続けている私は、２２００本以上のホームランを、この目で見たことになる。

長嶋茂雄（立大―巨人）が、田淵幸一（法大―阪神―西武）が、そして昨年の高橋由伸（慶大―巨人）が、本塁打記録を更新した瞬間をしっかりと見てきたのだ。そこで今回は、ホームラン記録に挑戦した人たちの思い出をつづってみよう。

あの長嶋も19試合不発で苦しんだ末8号

戦前は慶大・宮武三郎（のち阪急）、早大・呉明捷の7本が最高。″和製ベーブ″と言われた慶大・山下実（のち阪急―名古屋）も6本打った。今よりずっと広い神宮球場、それにバット、ボールもそんなに良くなかった時代だから、ホームランは簡単に出なかった。

だから長嶋茂雄が、この宮武、呉の7本を破るドラマチックな8号を放ったときは大騒ぎしたものだ。長嶋は昭和三十一年（一九五六年）秋までに6ホーマーを放つ。そして翌三十二年春の開幕の法大戦にレフトの芝生席に豪放な一打を打ち込んで、宮武、呉の7本に並んだ。

しかし、あと1本が難産だった。春の7号から19試合不発で、あとは慶大戦を残すだけとなった。そして最終戦の五回、林薫投手の5球目、近めのベルトより少し低いと思われる球をうまくすくい上げた。その瞬間、ホームランと分かるような一打がバットからはじき出された。打球は秋風に乗ってレフトのポールぎわのスタンドに飛び込んでいった。

長嶋は全身で喜びを表し、身をくねらせながらピョンピョンと跳ねるようにベースを一周した。あの本当にうれしそうな、100万ドルの笑顔は忘れることができない。

この長嶋の8ホーマーを追ったのが慶大・広野功(のち中日—西鉄—巨人—中日)。8本を打って長嶋と並ぶ。最後の早慶戦、それも最終打席で豪快な一発、〝カーン〟という快音とともに打球はグングン伸びて右中間へ。〝新記録アーチ〟と慶応ベンチも応援団も〝ワーッ〟と総立ちするほど素晴らしい一打だった。だが、白球は無情にも直接フェンスの最上部に当たって跳ね返った。あと少し、もう10㌢ばかり伸びていたら伝統の一戦の中から六大学の〝歴史的な一撃〟が生まれていたのだ。

「ホームランを意識して力んでしまった。あの一打は打った瞬間、ホームランと思った。ベストフォームで打った会心の当たりだった」と、今でも残念がっている。本当に惜しい! あと10㌢の忘れられない一打だった。

このように大騒ぎした〝8号アーチ〟も田淵幸一の出現であっさり塗り替えられてしまった。

田淵の本塁打と慶大・藤原投手との因縁

昭和四十年、田淵の法大入学と合わせたように神宮球場は狭くなり、ホームランが出やすくなった。この年に、まず両翼に幅10メートルのラッキーゾーンが設けられ、二年後にはこれが取り除かれる代わりにホームベースが前へ出され、両翼が9メートル近付いたのだ。

こうした状況を背景に登場した田淵は、一年目に早くも4ホーマー。二年目の昭和四十一年春3本、秋1本で通算8ホーマー。二年生で早くも長嶋、広野と並んだ。この8号は、3―3で延長となった慶法1回戦の延長十一回、レフトスタンドにサヨナラの2ランをたたき込んだもの。奇しくもこの九月二十四日は、田淵の二十一歳の誕生日だった。〝ドラマチック男〟の芽生えとなった。

ところが、このタイ記録から新記録への道のりは長かった。秋は結局、この1本だけ。第9号は昭和四十二年春へ持ち込まれる。春のシーズンも半ばを過ぎたというのに田淵のバットは沈黙が続く。五月二十日の慶法3回戦、二回に左中間へ待望のメモリアルアーチをかける。余勢をかって、そのゲームの十一回、再びボールをレフトスタンドへ運び、一気に新記録の10号へ――。長嶋が19試合不発に泣いたのと同様に、田淵もまた22試合という難産だった。

田淵のホームランを語るとき忘れられないのが、慶大の藤原真投手（のちアトムズ・ヤクルト―東映・日拓・日本ハム）との因縁だ。さらに藤原は、この秋に11号を浴びて卒業する。田淵は、11号までのうち5本を藤原から打ったことになる。どんな強打者にも絶対〝逃げない〟藤原は、四年間に打たれた12本中、田淵への本塁打が5本となった。「最後は何を放っても打たれそうな気がした」という藤原に、田淵は「相性が良かったとしか言いようがないね」と、すましたものだ。

この田淵の記録を追ったのが、早大の荒川堯（のちヤクルト）と谷沢健一（のち中日）。荒川は昭和四十二年春の早立2回戦で一回、三回、六回と1試合3ホーマーのリーグ新記録を作るなど猛追したが、結局19本。谷沢も18本で追いつけなかった。

その後、早大・岡田彰布（阪神二軍監督）が3試合連続アーチ、サイクルヒットなど話題をまき散らして田淵の「22本」に挑戦した。最後の秋のシーズンには早々と19号を打って、あと3本と新記録へ期待がかけられたが、そのあと9試合は不発。最後の早慶戦の20号で単独2位となった。

二十九年の間、谷沢、岡田、明大・広沢克己（ヤクルト—巨人—阪神）らの挑戦を退け続けてきた金字塔。これに立ち向かったのが〝平成の挑戦者〟、慶大の高橋由伸だった。

入学した年の春の慶立2回戦、デビュー7打席目にライトスタンドに逆転の3ラン。この春3本のルーキー新記録と大物ぶりを発揮した。三年生の春終了時点で通算16本。これは六大学の最速記録である。そして昨春、通算22本で田淵に並ぶ。学生最後の秋のシーズン、数えて4試合目の慶法2回戦に記録更新の瞬間がやってきた。法大・安藤優也投手の2球目、外角高めの好球を見逃さなかった。球場に響きわたる快音、絶叫を切り裂いて白球はライトスタンドに飛び込んで

23号のメモリアルアーチを放った高橋は、両手を何度も空に突き上げた。
（平成９年秋の慶法２回戦）

いった。

「打った瞬間、行ったと思った。四年間やってきたことの積み重ねで、記録が残ったのはうれしい」

シーズン前から期待され、重圧がのしかかる中で放ったメモリアルアーチ。この四半世紀ぶりの大記録は〝超大物〟の証明だった。


（「週刊ベースボール」98年春大学野球展望号）

「努力」と「工夫」のミラクル投手

アルバムを整理していると、私が野球記者一年生のころに早大の選手と撮った写真が出てきた。昭和二十三年か二十四年、おそらく雑誌の座談会のときのものであろう。

私の右隣が大映スターズで活躍した島田雄三二塁手、その右が南海の〝監督〟になった故・蔭山和夫遊撃手、後列には荒川宗一外野手（元高橋ユニオンズ）、故・宮原実捕手（日本鋼管監督）らの顔が見える。

私の後ろに立っているのが、末吉俊信投手だ。入学してまだ一、二年の新人時代だ。昭和二十年代の早大黄金時代の主役である。

六大学リーグ戦で通算44勝20敗、歴代3位の勝ち星をあげた。とくに早慶戦では最高の勝ち星を記録した。昭和二十三年の春の1回戦に勝って以来、二十六年秋までに早慶戦で10勝を収めた。

当時の早大選手、後列左から阿部、松本、宮原、荒川宗、相沢、末吉、前列左から松尾、山本、西本、蔭山、島田、筆者。

そのうち完投勝利は8試合という見事なもの。二十五年春から二十六年秋まで実に7連勝という快投だ。彼こそ〝早慶戦男の中の男〟といってもよい。

昭和十九年、小倉中を卒業と同時に海軍の予科練に入り、終戦後、八幡製鉄に入社した。当時の八幡は大岡虎雄監督（元松竹ロビンス、故人）以下、西本幸雄（元近鉄監督）ら、そうそうたるメンバー、そんな中で末吉はすぐ頭角を現した。

慶応の野球部にいた私たちは九州へ遠征、八幡製鉄と対戦し末吉投手にひねられた。上手投げからの速球に加えてタテに落ちるカーブは鋭かった。私たちの後で対戦した早大も負ける。早、慶をなで切りにして、〝八幡に末吉あり〟と中央球界にも知られるようになった。

こうした好投が早大入りのきっかけとなった。

終戦直後は社会人球界から大学入りする人が結構いた。鐘紡の岩中英和投手が慶応、いすゞ自動車の杉下茂投手（元中日）が明治、日鉱日立の山崎弘二塁手が立教入り、各大学の中心選手となった。

末吉投手は早大入りの直前にヒジを痛める。

早大の入試を受け九州への帰途、甲子園へ立ち寄った。春のセンバツに母校が初出場、しかもエースはいとこの福島一雄（のち早大）である。末吉は試合前の打撃練習に投げることになった。準決勝でぶつかる相手の城東中のエース、前田祐吉（元慶応監督）が鋭いカーブを決め球にしていた。その練習に、同じくカーブを武器とする末吉が投げたがそのとき痛めた。

末吉が入学した昭和二十二年秋には戦中から実施されていた繰り上げ卒業で、エースの岡本忠之をはじめとするレギュラー七人が抜けた。大幅な戦力ダウン。早大は史上初のテールエンドに転落した。

投手難にあえいでいた早大を救ったのが末吉だった。ヒジに痛みがあり、それを少しでも軽くしようと投げ方を工夫しているうちにスライダーを発見したのだ。

こうして活路を見いだした末吉は、昭和二十三年春のリーグ戦、リリーフでしばしば好投、5勝無敗の好成績を収めた。

そして勝ち点4で並んだ明大との優勝決定戦では先発を任される。杉下茂と投げ合って3安打1点に抑え、5―1で完投勝利投手となり、早大に優勝をもたらした。さらに翌二十四年春の優勝に続いて二十五年春から二十六年春まで3連覇するなど、在学9シーズン中に5度も優勝投手となった。

末吉とバッテリーを組んだ宮原は「ゲタの一足みたいなもんですよ」と二人の仲を表現したことがある。末吉を語るとき、宮原を抜きにして語れないほどだ。

このバッテリーを軸に石井藤吉郎、荒川博、岩本尭、広岡達朗、小森光生らの好選手がつづいて〝最強チーム〟を編成、優勝を重ねたのである。

しかし二十四年秋の早慶3回戦、四回まで5―2と先行しながら雨でノーゲーム。再試合も不運な太陽安打から崩れて慶応の前に涙をのんだ。

早大の黄金時代を築いた末吉（右)、宮原のバッテリー。

このとき、雨で流れていなかったら、早大は有利にゲームを進めていたので優勝できたであろう。そうすれば、二十四年春から二十六年春まで実に5シーズン連続優勝の前人未到の大記録が生まれていたことになる。これを、当時の森茂雄監督（元大洋社長）や末吉投手がいつまでも残念がっていた。

ヒジの負担考え上半身を鍛え、投法を変え……

その末吉投手が一番印象に残っているというのが、二十六年春の一戦。早大、慶大、立大が三すくみとなり、三校の優勝決定戦は早大、慶大がともに立大に快勝、両校の優勝をかけた大一番となった。

最初から一進一退の攻防戦が繰り広げられ、延長十一回、慶大は一死満塁のサヨナラのチャンスをつかむ。ここで代打・前田祐吉がスクイズバントしたが、一塁フライとなって三塁走者と併殺、一瞬にしてチャンスは消えた。

そして十二回、早大は一死一、三塁の勝機をつかみ、広岡がカウント0—3から打って出てショートの右へ快打。早大に決勝点が入り、3—2で勝った。ピンチにも動じなかった末吉投手のマウンド度胸はまったく立派というほかなかった。

だが、5度も優勝投手に輝きながら、実はずっとヒジ痛に悩まされ通しだったのである。

だから末吉はヒジの負担を少しでも軽くしようと鉄アレイで手首を、相撲のテッポウで上半身を鍛えた。

その一方で、ピッチングに幅を持たせるためシュートの投げ方を思案した結果、投法を上手投げから下手投げに切り替えもした。そして下手からのシンカーも身につけ、ミラクル投手と呼ばれたのである。

「エースになってからも、下級生の打撃練習に一生懸命投げてやってました。気の強さは相当なものでしたね」

いまは亡き女房役の宮原捕手がいっていたことがある。

当時の森監督は「宮原も末吉も名選手だった。それも努力と工夫で獲得したのだから立派だ」と、二人の話になると目を細めていたことを思い出す。

末吉は毎日新聞社に入社、出向の形で毎日オリオンズに入団した。ヒジ痛をカバーしてのピッチングなど大学時代の無理が響き、プロ野球では長く投げることができなかった。

プロ退団後毎日新聞社で一緒に仕事をしたが、ケレン味のない竹を割ったような性格で、明るく、だれからも愛された。酒はあまり飲めないのに番茶でよくつき合ってくれた。なかなかの芸達者で、〝宴会部長〟として雰囲気を盛り上げるなど、グラウンド内外でも人気者であった。

（「週刊ベースボール」97年秋大学野球展望号）

六大学それぞれの七十五年を彩った男たち

今でこそプロ野球の人気は高いが、かつて日本中を沸かせたのが東京六大学リーグ。この〝六大学〟はこの秋（二〇〇〇年）創立七十五年を迎えた。多くのドラマを生み、名選手を育ててきたが、大学別に七十五年を振り返ってみると……

W 早稲田大学

明治三十四年創部、通算成績983勝615敗72引分、優勝32回

各校すべてに勝ち越し、通算勝率もトップを走る六大学リーグ発足時代からのリーダー

早大は優勝回数32回、昭和六十二年に法大に追い抜かれたものの対戦成績では各校に勝ち越し、勝率もトップである。七十五年をふりかえると、やはり早大がリーグの王者ということになる。

この32回の優勝のなかでもさん然と光っているのが、五度も優勝投手となった末吉俊信の力投だ。昭和二十三年の春、5勝無敗の快投をおさめ、明大との優勝決定戦で杉下茂（元中日）に投げ勝ったのを皮切りに宮原実捕手とのバッテリーで二十五年春から二十六年春まで3連覇するなど、五度も早大に優勝をもたらした。

なかでも印象深いのが、二十六年春。早、慶、立が三すくみになり、優勝決定戦の結果、早大が立大、慶大に勝って優勝したときだ。早、慶がともに立大に勝っての早慶戦は2―2の息詰まる熱戦となり、十一回慶大が一死満塁のチャンスをスクイズ失敗で逸した。そのあとの十二回表早大は一死一、三塁から広岡達朗が0―3から山本治の好球を狙い打って中前へ決勝打して〝V3〟を成し遂げたのだ。

このときの早大のメンバーは強力。末吉、広岡のほか石井藤吉郎（元早大監督）、荒川宗一（元高橋）、岩本尭（元巨人）、小森光生（元毎日）、荒川博（元ヤクルト監督）らの好選手が並び、戦後最強のチームだった。

末吉投手は通算44勝をあげ、その勝ち星は歴代第3位。早慶戦でも10勝をおさめた。そのうち完投勝利8、二十五年春から二十六年秋まで実に7連勝という無類の快投記録を残している。

早慶戦といえば三十五年秋の安藤元博投手の不屈の力投が思い出される。早慶が同率となって優勝決定戦となり、しかも二度引き分け、三度目に早大が勝った〝六連戦〟だ。とくに5試合を完投、延長戦を含み49イニングスを投げ抜いた安藤の気力は大きく賞賛された。

早慶戦の絶頂期といえば昭和初期の宮武三郎―小川正太郎両投手の対決は天下のファンを沸かせたものだ。

昭和四年秋、新人小川投手の力投で早大が三年ぶりに優勝、佐藤茂美（元神宮球場長）が打った劇的な逆転3ランは永くファンの語り草となった。森茂雄（元大洋監督）、伊達正男（元阪急コーチ）、伊丹安広（元神宮外苑長）らの活躍が優勝の原動力となる。

昭和六年春、急造投手の伊達の三日連投で3シーズンぶりの勝利に輝いたのも鮮やか。伊達は3試合を通じ四球6、安打15の力投であった。

このときの2回戦での三原脩（元西鉄監督）の鮮やかなホームスチール、十二年の早慶1回戦の呉明捷の劇的なサヨナラホーマーなどは忘れることができない。

37勝をあげた若原正蔵投手、27勝の石黒久三投手の快投、二度首位打者となった水原義明、小島利男、南村不可止（元巨人）や高須清、矢島粂安、松井栄造らが早大の代表的な好打者であった。

戦後では岡本忠之、山村博敏（鐘紡）、幻の南海監督蔭山和夫*ら。末吉時代のあとは石井連蔵（元早大監督）の投、打にわたる活躍、森徹（元中日）、谷沢健一（元中日）、荒川尭（元ヤクルト）、徳武定之（元中日）らの強打、そして岡田彰布（阪神二軍監督）が代表的な選手だ。投手では木村保（元南海）、八木沢荘六（阪神コーチ）、三輪田勝利（元オリックススカウト）ら。

ホームラン記録である田淵の22ホーマーに荒川、谷沢、岡田が肉薄した。荒川は昭和四十二年春の早立戦で3ホーマーのリーグ記録をつくり、田淵に猛追したが19ホーマー。谷沢も18ホーマーまで迫った。谷沢は在学中82試合に出場。308打数、111安打を放ち打率は3割6分。

この最高打率を破ったのが、岡田、309打数117安打の3割7分9厘で谷沢を抜いた。三年生の秋には三冠王。三試合連続本塁打やサイクルヒットなどをやってのけ、通算ホームランも20本とあと2本まで迫ったが及ばなかった。

最近では矢口健一（新日鉄君津）が17ホーマー、石井浩郎（ロッテ）が15ホーマー、元監督の佐藤清が14ホーマー。吉沢俊幸（元阪急）が12本、仁志敏久（巨人）が10本。投手ながら織田淳哉（巨人）が9本、阿野鉱二（元巨人）、前川善裕、斉藤頼太郎も9本を打った。

近藤昭仁（元ロッテ監督）、江尻亮（元ロッテコーチ）、中村勝広（元阪神監督）、松本匡史（元巨人二軍監督）、山倉和博（元巨人コーチ）らも早大が生んだ好選手。金森栄治（ヤクルト）は五十三年春に首位打者に輝いた。横浜の小宮山悟は20勝10敗、6完封の成績、早慶戦は6勝、それも最上級生の春、秋で4勝は立派。

平成二年春、神宮の杜が久しぶりに揺れる。どちらか勝った方が優勝という早慶戦でヒーローとなったのが新人の大越基（ダイエー）。大ピンチを切り抜け救世主となる。このときの主将がトップを打った水口栄二（近鉄）だった。

最近の投手では三澤興一（巨人）の快投がピカリと光る。31勝16敗は早大史上5位の勝ち星だった。

＊監督就任要請を受諾後に急逝

K　慶応義塾大学

明治二十五年創部、通算成績935勝665敗73引分け、優勝28回

六大学の中でもっとも古い創部を誇り、リーグ史上初の全勝優勝を飾った〝陸の王者〟

今年で創部一一〇年の慶応も早慶戦復活、六大学リーグがスタートした時には早大に敗け続け屈辱的な敗戦の煮え湯を飲む。昭和二年大補強作戦を展開して打倒ワセダを果たすわけだが、宮武三郎、山下実、水原茂らのち一世を風びした精鋭が集まって黄金時代を築き上げた。

昭和三年秋には10戦全勝の輝かしい優勝を飾った。水原、宮武らが力投、腰本寿監督が投手起用の妙を発揮し、山下、楠見幸信（元国鉄監督）、町田重信らがよく打った。山下の立大戦の決勝ホーマー、早慶戦の決勝2ランや水原の快投などが光った。

慶応は全勝を記念してストッキングの真ん中に白線を一本入れた。以後全勝のたびに一本ずつ加えることにしたが、随分長い間一本のままであった。

この前後慶応は20連勝、これはまだ破られていない。

昭和四、五年ごろの早慶は強く、天下分け目の決戦といわれ人気は最高潮で、ファンを熱狂させた。四年春は全勝同士で対決、1勝1敗から3回戦も大接戦となり、慶応は上野精三—水原—宮武のリレーで連続優勝を飾った。三塁手からリリーフに出て、ピンチをきり抜け、また三塁手に戻って打つなど水原は大活躍、このシーズンは打率・452でベストテン2位だった。

秋も全勝同士で3回戦に持ち込まれる熱闘だったが、このときは涙をのんだ。山下が打率・438で首位打者。力の入った好ゲームの連続に早慶戦は熱狂、六大学リーグの人気は頂点にたった。

牧野直隆（日本高校野球連盟会長）、川瀬進、土井寿蔵、岡泰蔵、山下好一ら好選手を輩出した。そのあとも宇野光雄（元国鉄監督）、大館盈六、山村吉隆（鐘紡）、別当薫らが活躍した。

巨人の前オーナー、正力亨はマネージャー、日本野球連盟の会長として頑張っている山本英一郎は宇野と同期。

戦後は大島信雄（元中日）、加藤進（元中日）、増山桂一郎（元日石監督）らで連続優勝、岩中英和（鐘紡）が10戦完投、山村泰弘が昭和二十四年秋には30安打を放って首位打者、22試合連続安打のレコードをつくった。

投手では河合貞雄（住友金属）、山本治（鐘化）、藤田元司（元巨人監督）が力投した。藤田は一度も優勝投手になれず〝悲運のエース〟といわれた。31勝19敗で慶応史上では宮武の39勝に次いで2位の勝ち星だ。

首位打者となった衆樹資宏（元毎日）、中田昌宏（オリックス役員）や渡海昇二（元巨人）、安藤統夫（元阪神監督）、大橋勲（元巨人）、石黒和弘（元ロッテ）ら。安藤は一年生の春からショートとして華麗な攻守を誇った。〝早慶6連戦〟のとき大橋らと奮闘した。このとき悲運の涙をのんだのが投手の清澤忠彦と角谷隆だ。

特筆されるのが渡辺泰輔（元南海）の史上初の完全試合、三十九年春の対立大2回戦だった。渡辺は速球とパームボールで29勝10敗、慶大史上4位。赤木健一、榎本博明、本郷良直、西岡浩史、宇賀山徹らが首位打者になる。

三十九年春から4シーズン、ベストナインに選ばれた江藤省三（元ロッテコーチ）や同期の広野功（ロッテコーチ）もよく打った。

その後では四十六年秋から慶応史上初の3連覇をやってのけた萩野友康（新日鉄）の快投、二度首位打者となった松下勝実や山下大輔（横浜コーチ）らの強打が光った。松下は123安打を放ち打率・359、通算安打数、打率ともにリーグ史上3位である。山下は102安打を放ち本塁打も11本。

昭和五十年代で活躍したのが堀場秀孝（元広島）、後藤寿彦（現監督）、青島健太（元ヤクルト）ら。堀場は入学してすぐのリーグ戦に初出場し、4打数4安打。卒業までに全試合、全イニング出場記録を残している。後藤は勝負強いバッターで五十年春の最終打席に〝三冠王〟を決める貴重なタイムリーを放ったり、その秋史上初の延長十八回の熱闘ドラマの決着をつける一打を放って早大に勝つなど活躍した。

青島も五十四年秋には早大の岡田とホームラン競演をやって神宮をわかせた。この秋6本塁打、22打点のレコードをマークした。

また韋駄天小林宏は通算最多62盗塁、一試合最多5盗塁、一シーズン16盗塁とすべての盗塁記録をぬりかえた。

そのあと上田和明（元巨人）が12ホーマー、慶大史上トップに躍り出たが、大森剛（元巨人）が17本で抜く。大森は通算打率4割台をマークする勢いで打ちまくったが結局111安打の打率・356で打率ではリーグ史上4位、安打数では9位だった。仲沢伸一、丸山泰令も11ホーマー。相場勤、加藤健、猿田和三らの好打者が活躍した。

昭和六十年の秋、新人志村亮（三井不動産）と鈴木哲（元西武）の二枚看板で五十七年ぶりの10勝無敗優勝をなしとげる。まさに「陸の王者」の復活だった。そしてストッキングに2本目の白線が入った。

平成三年に春、秋連覇を成し遂げた立役者小檜山雅仁（横浜）、平成四年秋の早慶戦で起死回生の3ランを放った印出順彦（東芝）、26勝12敗の井深有（日石）や林卓史（日本生命）の力投が光っている。

最近では23本塁打とリーグ記録を更新、三冠王にも輝いた高橋由伸（巨人）やオリンピックの全日本メンバーの主力だった大久保秀昭（近鉄）、高木大成（西武）の好打が印象に残っている。

M　明治大学

明治四十三年創部、通算成績948勝656敗79引分、優勝30回

昭和十二年春からリーグ史上初の4連覇を達成するなど、多くの好選手を育てた〝猪軍団〟

さんぜんと輝いているのが昭和十二年からの4連覇だ。その中心となったのが清水秀雄（元南海）、児玉利一（元中日）投手である。当時最強といわれた早大をこの二人の継投と伊藤庄七（元中日）の殊勲打でサヨナラ勝ちしてから大きくジャンプした。バックに中京商3連覇の主力であった恒川道順、杉浦清（元中日）、村上重夫、吉田正男、それに桜井義継、二瓶敏三、加藤晴雄（元近鉄）の好選手が揃っていた。

同年秋にもこの〝黄金のリレー策〟が成功して連続優勝、そして十三年春、秋を制して六大学史上初の4連覇を達成したのだ。V4中の成績は40戦31勝6敗3分、このうち清水、児玉の勝ち星はあわせて29、しかも半分近い13勝を清水―児玉の継投であげている。

それより前の昭和二、三年に明大の第一期黄金時代があった。大正十四年秋、一シーズン二度のノーヒットノーランを記録した湯浅禎夫（元毎日監督）についで渡辺大陸（元大洋監督）、中村峰雄と大投手がつづき、その中村が昭和二年秋一人で8勝をあげて優勝投手となった。そして三年春にも連続優勝、松木謙治郎（元阪神）、井野川利春（元阪急）、銭村辰己、角田隆良、田部武雄（元巨人）らが活躍した。松木は実働8シーズン中、3割以上6回とよく打った。

田部は167㌢、52㌔の小柄な選手だったが器用でショートからマウンドにのぼったり、どこでもこなした。俊足で〝暁の超特急〟といわれた名スプリンター、吉岡隆徳と走っても途中までは勝っていたという。五年春の慶大戦に先発して、山下、水原の強力打線を2点に抑えて勝利投手。以後ピンチになると遊撃手からマウンドにのぼり、度胸の良いピッチングで好投した。

神主打法で打ちまくった岩本義行（元東映）の強打も忘れられない。その後快腕をふるった藤本英雄投手（元巨人）は通算34勝9敗、しかも完封が12試合も。34勝は明大史上最高である。

この34勝につづくのが33勝18敗の秋山登（元大洋）、32勝21敗の入谷正典（元巨人）。秋山は二十九年春の東大1回戦で毎回の22奪三振の新記録をつくった。好捕手土井淳（元大洋）と組んで三度優勝投手となった。

戦後の大物は大下弘（元西鉄）と杉下茂。大下は不世出の天才バッター。杉下は小川善治（元大映）のあとのエース。中日に入ってからフォークボールで215勝。巨人にドジャース戦法を採り入れ、名参謀といわれた牧野茂らもその時代の明大の二塁手。

昭和二十七年から島岡吉郎が監督となり、近藤和彦（元大洋）、投手の池田英俊（元広島）、〝ヒゲ〟の辻佳紀（元阪神）、一枝修平（元阪神）、住友平（元日本ハムコーチ）らを育てた。

島岡監督は昭和六十三年秋まで監督、総監督を含めると15回も優勝、通算勝利は433勝336敗とダントツの数字をのこしている。2位は慶応の前田裕吉元監督で268勝だ。

島岡学校の優等生が高田繁（元巨人）。高田は三十九年春の一年生から出場し、384打数127安打、通算打率・331の高打率を残した。通算安打127はリーグの最高記録である。48盗塁も当時では最高だったが早大の松本匡史にその後更新され、それも慶大の小林宏に破られた。7シーズン連続ベストナインなど数々の記録を残した。

さらに気力のピッチングをみせた星野仙一（中日監督）をはじめ高橋三千丈（中日コーチ）、鹿取義隆（巨人コーチ）らが出た。高橋は在学中18勝14敗、鹿取は21勝14敗だった。

首位打者となり、江川卓に滅法強かった豊田誠佑（元中日）や攻守の平田勝男（元阪神）、それに最近では広沢克己（阪神）が大活躍した。平田は307打数、96安打の打率・313と毎シーズン3割台をマークしていたし、広沢は248打数、87安打の打率・351。200打数以上では明大史上トップの成績だ。またホームランも18本で明大史上最高である。

本塁打の2位は13本の中村豊（日本ハム）、中村は通算安打でも116本を打って高田についで2位、3位は11本の樋野和寿（NKK）、以下10本の百村茂樹、8本が鳥越祐介（ダイエー）だ。三輪隆（オリックス）、柳沢裕一（オリックス）が7本、福王昭仁（元巨人）は首位打者となり、ホームランは6本打っている。最近の好投手は武田一浩と川上憲伸、ともに中日で活躍している。

H 法政大学

大正四年創部、通算成績937勝667敗91引分、優勝38回

六大学リーグ最高の38度の優勝回数、4連覇を二度も成し遂げた偉業は大いに光る

優勝回数が38回とトップ。昭和四十年代から強くなり、四十四年秋から4シーズン連続優勝、そして江川卓時代の五十一年春から二回目の〝V4〟を成し遂げ、六十二年春に早大を抜いた。

黄金時代を築いたのが松永怜一監督。就任早々の春優勝するなど在任6年間12シーズンで、その半数の6回の優勝をもたらした。しかも後半の3連覇は最初の〝V4〟につながるものでその功績は大きい。

素質の良い選手にめぐまれたこともある。最初

の優勝のときは長池徳二（元阪急）、鎌田豊（元広島）、大塚勝秋（本多技研）の面々に新鋭の田淵幸一（元西武）、四十二年秋は田淵のほかに山本浩二（元広島）、富田勝（元日本ハム）、秋元国武（日本石油）、鶴岡泰（元監督）、苑田邦人（元広島）、佐藤治夫（プリンスホテル）に投手の山中正竹（現監督）だ。そのあと投手の江本孟紀（参議院議員）や打の長崎慶二（元阪神）、新井宏昌（オリックスコーチ）らが出ている。プロ野球界で活躍したそうそうたるスターが揃っていたのだ。

田淵は四十年に入学、それに合わせたように神宮球場が狭くなり、ホームランが出やすくなった。ラッキーゾーンが設けられ、二年後にこれが取り除かれるかわりにホームベースが前に出され、両翼が9メートル近づいた。

田淵は一年目に早くも4ホーマー、以後4本、5本と打ち最上級生の春には6本、秋3本と打って合計22ホーマーと大幅に記録をぬりかえてしまった。

田淵時代からマウンドを死守したのが山中。四十二年秋の早大4回戦から14連勝してそれまでの杉浦忠（立大）の13連勝を破ったのをはじめ、通算48勝のレコードをつくった。

昭和四十四年に田淵、山本らが卒業したあとも山中はマウンドを守っていたし、長崎、佐藤に森貞周二（熊谷組）、野口善雄（元大洋）らの好選手が活躍、同年秋に優勝、以後4シーズン連続優勝をなしとげた。高岡茂夫（たくぎん）、藤村哲也（育英高監督）がつづき、山中のあとは池田信夫（拓大一高監督）、横山晴久らが力投した。

二回目の〝V4戦士〟は怪物江川のほかに金光興二（前広島商監督）、楠原基（日本生命）、植松精一（元阪神）、袴田英利（ロッテコーチ）ら。江川は通算47勝12敗、V4中の40勝のうち実に28の白星をあげたのだ。通算の完封記録も〝17〟に更新した。

戦前、ひときわ光るのが初優勝の立役者、若林忠志（元阪神）。〝七色の変化球〟といわれた秘球をつぎつぎに生み出し、ピッチングの達人といわれた。通算43勝。

名人芸といわれた苅田久徳（元セネタース）、首位打者となった藤田宗一（元国鉄）、鶴岡一人（元南海監督）、田川豊（元南海）、森谷良平（元国鉄）らの強打も光彩を放っていた。

審判員として功績を残した島秀之助、倉信雄（元巨人）らも法大野球部育ての親・藤田信男の門下生。戦後の関根潤三は投、打にわたって大活躍、41勝はリーグ戦史上5位。投手では30勝の和田護（法大コーチ）、西川佳明（元南海）、25勝の山崎武昭（元ロッテ）、21勝の新山彰忠（元阪急）、20勝の猪俣隆（阪神）ら。

打者では一年生のときから4番を打った山本一義（元広島）の強打も忘れられない。最近では同じく一年生のときから主軸を打った小早川毅彦（元ヤクルト）。通算114安打は法大史上最高。

新しいところでは居郷肇、銚子利夫（横浜コーチ）、中根仁（横浜）、木戸克彦（阪神コーチ）、瀬戸輝信（元広島）、諸積兼司（ロッテ）、稲葉篤紀、副島孔太（ともにヤクルト）らの好打が光った。

ホームランは田淵についで小早川の17本。西田眞二（広島）と中根、鈴木秀範が11本、武藤一郎（元ロッテ）、山崎正之、萩谷之隆（東芝府中）の10本とつづく。山本浩二は在学中8本だった。

R 立教大学

明治四十二年創部、通算成績711勝888敗80引分、優勝12回

セント・ポールの歴史の中でひときわ光り輝くのが昭和三十二年春から黄金時代

立大はいままで優勝が12回。戦前はわずか2回、戦後10回のうち5回が長嶋茂雄（巨人監督）時代とそのあと一、二年にやってのけたもの。昭和三十二年春からの黄金時代だった。

長嶋が立大に入ったのが昭和二十九年。杉浦忠

（元南海）、本屋敷錦吾（元阪急）らの俊英といっしょである。左腕の快速投手小島訓一（東京ガス）がそのときのエースだったし、名手古田昌幸（熊谷組）、大沢啓二（元日本ハム監督）、矢頭高雄（元ロッテ）らが上級生にいた。

当時の砂押邦信監督は長嶋らを鍛えに鍛えた。この砂押のシゴキに耐えかねて、杉浦らも何度か脱走した。チームはめきめきと強くなり、三十年秋から9シーズン連続Aクラス。長嶋は三十二年秋の法大戦に7号を打ったあと1本がなかなか出ず、大学生活の最終ゲームの慶大2回戦にドラマチックな8号を打ったときは大騒ぎとなった。いまよりずっと広い球場であり、このホームラン記録は価値があった。

最上級生の三十二年に春、秋連続優勝、エース・杉浦が8勝1敗の快投をやってのけ、秋には長嶋が二度目の首位打者になり、杉浦が8勝2敗と力投、池袋や東長崎の町はわいた。

杉浦はこの一年間で16勝をあげたわけ。通算65試合に登板。36勝12敗1分、400回投げて自責点55、防御率1・23だった。36勝はもちろん立大史上最高、リーグでも歴代8位。

昭和三十三年にも長嶋、杉浦らの主力が卒業したものの、五代友和（サッポロビール）、森滝義己（元サンケイ）、稲川誠（横浜スカウト）ら投手陣が揃っていたし、片岡宏雄（ヤクルト）、高林恒夫（元巨人）、杉本公幸（元サンケイ）、西崎若三らの活躍で10戦全勝をおさめた。

そして、同年秋にも浜中祥和（元大洋）、枝松道輝（日本石油）の進境があって〝V4〟をやってのけた。

そのあと三十四年秋に優勝、そして四十一年に槌田誠三（元巨人）、谷木恭平（元中日）らで優勝したが、以後は下降線をたどり、最近はBクラスを低迷している。

長嶋よりホームランを打ったのは村山修一で12本。この12本を破ったのが19本の山口高誉（本田技研）、17本の矢作公一（元日本ハム）、15本の黒須陽一郎の三人。山口、黒須は高林孝行（日本石油）とともに平成元年秋、二年秋の優勝に貢献した。

戦後の強打者は槌田のほかに小川亨（元ヤクルト）、望月充（元阪神）ら。長嶋の長男一茂も通算11ホーマー。

戦前では初優勝の殊勲が菊谷正一、辻猛。菊谷は投げるばかりでなく、打の方も三番打者として強打をふるった。

立大では投手で打力のいい人が多い。その最高が西郷準。エースで三度もベストテン2位。西郷隆盛の孫で長身の白色の美男子。孤軍奮闘する西郷の投、打は人気を呼んだ。

このほかスラッガーの景浦将（元阪神）がそうだし、好村三郎（元朝日新聞）も投手、四番で3割打者であった。戦後でも大沢貞義（熊谷組）や小島はそうだったし、大沢は首位打者にもなった。

立大史上通算打率で最高は111安打を打ち放ち打率・328を打った篠原一豊（元監督）。最近では川村丈夫（横浜）の力投が光る。

T 東京大学

大正六年創部、通算成績228勝1261敗51引分、優勝なし

Aクラスが二度だけと苦しいシーズンの連続も、多くの好投手を輩出しているのは出色

大正14年秋、東大が加盟を申し込んだとき、早、慶、明とも「いまは帝大に東武雄―清水健太郎（脳外科の権威で東大名誉教授）という一流のバッテリーがいるから互角にやれるが、卒業してしまったらガタガタになってしまう。チーム編成ができなくなり、解散ということにもなりかねない。そういうことにならないよう堅い約束をさせてから加盟を許そう」

ということで代表者の言質をとって加盟をうけいれたという。

東投手には三人の兄があり、いずれも一高―東大とボートで鳴らした。その長兄が元東京都知事の龍太郎である。

末弟の東投手は全国高専大会に優勝。つまり東がいたから東大がリーグに入れたわけであり、六大学リーグが成立したことになる。

そのリーグ戦第一戦は中野球場で行われ、東大が4―1で法大に快勝。好投した東は8回にレフトサク越えの快打、民家の屋根にドカンとぶっつけた。六大学史上第一号のホームランを放って、投、打のヒーローとなった。東は5勝をあげ、打ってはベストテン8位、法、立から勝ち点を奪った。昭和2年春の立大2回戦でノーヒットノーランの快投。東大の投手でこの快挙はあとにも先にもこの1回だけ。大正十五年春の立大戦で1試合2ホーマー、通算5ホーマーをとばしているのだからすごい。

東大が頑張ったのは、昭和五年の春から七年秋まで。六年春に一度最下位になっているものの、このほかにテールエンドはない。高橋一、梶原英夫と好投手がいたし、内野手の広岡和男（前学生野球協会会長）、小宮一夫（元東大監督）、捕手の片岡勝司、坪井忠郎（元東大監督）らが活躍した。

梶原は昭和九年春に、・722という高打率をあげる。この年は文部省の通達で一年1シーズン制であったため、春、秋通算の打撃成績で首位打者が決まった。梶原は結局・339で8位。

東大の指定席は最下位。Aクラスに入ったのは2位1回、3位1回のわずか二度だけ。それだけに終戦直後の再開リーグで2位に躍進したのは一きわ光彩を放っている。その立役者が山崎諭投手であり、山崎喜暉、西村嘉明、井波義二らが活躍した。井波は遊撃手から捕手。在学中全試合イニング出場した。

山崎のあと蒲池信二（日立製作所）、原田靖男、吉田治雄（元テレビ朝日）、新治伸治（元大洋）、井手峻（元中日）、橘谷修（川崎重工）、西山明彦（日本航空）らの好投手が次々に出てきたが、一番印象に残っているのは岡村甫（高知工科大学）だ。

昭和三十三年春に4勝をあげる快投をみせたのをはじめ、毎シーズン勝ち星を稼いで17勝と東大では最高の勝ち星を残した。

とにかくすばらしかったのが三十五年春の3連勝。当時の優勝候補筆頭の早大を1回戦では1―0と完封、マスコミは〝東大旋風〟と書き立て、同2回戦は東大のゲームとしては空前の5万の大観衆がつめかけたほどだ。1―0で惜敗したが、下手投げからホップするストレートと沈むシンカーを巧みに操ってのピッチングはファンをうならせたものだ。東大には戦前の由谷啓吉、久保田泰二、戦後の蒲池ら好投手が数多く輩出している。しかし力投してもバックが弱く、報われることが少ない。それだけに岡村の17勝はすばらしい。他校なら当然〝30勝投手〟の仲間入りできる投球内容である。

岡村についで大山雄司が10勝をしている。なお1シーズン最多勝利はこの大山の五十六年春5勝をあげたのは戦後最高だ。また西山投手も五十二年春の立大1、2回戦に連投、いずれも1―0で完封勝ち。立大に30イニング無失点という記録を残した。

橘谷は都市対抗野球で大暴れして久慈賞を獲得。東大出の投手でこれほど活躍した人はいない。在学中3勝35敗、被本塁打24本の有り難くないレコード。「四十三年春、田淵、山本浩二に2打席連続のアベックホーマーされたのが一番印象に残っている」

という。2打席連続アベックアーチはリーグ史上このときだけだ。

あとがき

ON対決とかいわれて、いまはプロ野球の人気が高いが、かつて日本中を沸かしたのは東京六大学野球リーグ。甲子園の花形選手が神宮に集まり、戦前は最高のレベルと人気を誇っていた。当時の六大学にはスター選手が多く、試合も白熱して面白かった。

そして数々の名勝負が演じられ、その熱戦の中からすばらしい名選手、好プレイヤーがぞくぞく生まれた。しかもその人たちが日本の野球界のリーダーとして活躍した。六大学リーグを抜きにして、わが国の野球を語ることができないといってもいいほど。少なくとも戦前は日本の野球の大きな柱であった。

日本の野球はアメリカと違って学生野球から発展、その頂点が六大学であったのだ。

戦後の長嶋時代までは、六大学の方がプロ野球よりも多くの観衆を集めていた。早慶戦はもちろん超満員。早明、法立戦なども三、四万人は入っていた。時代は移り、いまやプロ野球の全盛時代。年々学生の応援も少なくなり、一般の人気も低下して七、八千人が平均。良いカードでやっと一万人を超えるような状態である。

甲子園の星たちも多くがプロに入り、しかも地方大学の台頭で選手が分散、入試の狭き門もあって昔のように選手が集まらない。闘志をむき出して打席に立つという気迫の選手や、強烈な個性を感じる人が少なくなった。各校とも独特のカラーが感じられないのは残念だ。

そこで〝奮起せよ六大学〟〝再び神宮に活気を〟と呼びかけてみようと思い立ち、この本を書いた。

六大学にはこんなにすばらしい選手がいた。すごい投手、豪快なバッター、それに個性豊かな豪傑、猛者たち…。そして数々の秘話を並べてこの一冊で〝六大学のおもしろさ〟がわかるといったものを目指してみたつもりだ。

いまの若い人、とくに選手たちに、「輝やかしい球史」を知ってもらいたい。そして〝誇り〟を感じて、さらに努力されれば幸いである。

また再びあの感動を呼び起こすためにも、各校の学生たちやOBの方々に〝神宮へ行こう〟と呼びかけたい。

週刊ベースボール「大学野球」の春、秋展望号に連載したものに加筆したものが何編かある。

また慶應義塾大学出版会の田谷良一氏には格別のご配慮をいただき、結城容子さんには編集と連絡などお世話になった。多くの方々のご支援、ご協力に感謝でいっぱいである。

松尾　俊治（まつお　しゅんじ）
1924年生まれ。旧制灘中学から慶應義塾大学へ進み、野球部選手として活躍。1948年法学部政治学科卒業。毎日新聞社に入社後、運動部記者（野球担当）として健筆をふるう。現在、毎日新聞社名誉職員、東京六大学公式記録員、日本アマチュア野球規則委員、日本野球連盟参与。
著書に『不滅の高校野球』『やあこれは便利だ！甲子園』『選抜高校野球物語』『早慶戦90年』（以上ベースボール・マガジン社）など、編著に『慶應義塾野球部百年史』。

神宮へ行こう

2000年10月25日　初版第1刷発行

編者――――――松尾俊治
発行者―――――坂上弘
発行所―――――慶應義塾大学出版会株式会社
〒 108-8346　東京都港区三田 2 -19-30
TEL〔編集部〕03-3451-0931
〔営業部〕03-3451-3584〈ご注文〉
〃　03-3451-6926
FAX〔営業部〕03-3451-3122
振替 00190-8-15597
印刷・製本―――三協美術印刷
装幀――――――桂川潤

Printed in Japan ISBN4-7664-0826-8